Doris zur Linden
Dienstagsgeschichten

Doris zur Linden

Dienstagsgeschichten

Berichte vom Leben und Sterben

M

MOHLAND

Bibliografische Information der Deutschen Bibliothek
Die Deutsche Bibliothek verzeichnet diese Publikation in der Deutschen Nationalbibliografie; detaillierte bibliografische Daten sind im Internet über http://dnb.ddb.de abrufbar.

Doris zur Linden
Dienstagsgeschichten
Berichte vom Leben und Sterben

1. Auflage 2012

Titelbild:	Maximilian zur Linden
Lektorat:	Heike Hartmann-Heesch
Herstellung:	Büchermaus, 25862 Goldebek
Verlag:	MOHLAND Verlag D. Peters Nachf.
	Dorfstraße 9, 25862 Goldebek
	www.mohland-online.de

ISBN: 978-3-86675-191-0

Inhaltsverzeichnis

Vorwort

Dienstagsgeschichten. Über den Tod eines Kindes. Bis zum Sterben meines alten Vaters. Es waren Dienstage. Ein Zufall? Eine merkwürdige Fügung? Ich weiß es nicht. Im Einzelfall ist es mir auch gar nicht präsent gewesen. Die Erlebnisse und Empfindungen in der jeweiligen Situation waren viel wichtiger und prägender als Datum und Wochentag.

Dienstagsgeschichten. Alles hat wieder angefangen mit Hakima aus Afghanistan, die mich am Ende meines ersten Besuches mit blitzend grünen Augen fordernd fragte: „Wann kommst du wieder?"

Ich war perplex über so viel Wollen und antwortete: „Am Dienstag!" Hakima war schon zum zweiten Mal im St. Franziskus Hospital, hatte ein riesiges Stahlgestell ins Bein geschraubt und wusste, dass man Menschen verpflichten und binden muss. Ich besuchte sie monatelang. Später dann Abdul Wakil aus Takona bei Kabul. Sie wetteiferten um alles. Nicht zuletzt um geschenkte Zeit. Das war immer dienstags.

Dienstagsgeschichten. Fünf über fremde Menschen, denen ich auf der onkologischen Station des Flensburger Malteser Krankenhauses begegnete, stehen zwischen sehr persönlichen Extremen. Es sind keine Fallbeschreibungen, Krankenakten oder nur verwaltetes Material. Während meiner langjährigen ehrenamtlichen Tätigkeit in Besuchsdienst und Seelsorge habe ich sie dort wirklich getroffen.

Habe mich mit ihnen unterhalten, an ihren Betten gestanden und zugehört. Zu Beginn unseres Kennenlernens waren die Probleme und Nöte oft klein. Aus meinem Blickwinkel. Und besonders, wenn ich berücksichtigte, welche Diagnosen ich zuvor im Schwesternzimmer auf der Patiententafel gelesen hatte. Da rangierten ein Extra-Joghurt oder die Bratwurst vom Stand vor dem Einkaufsmarkt meist vor Chemotherapie und Alleinsein.

Später erst, als wir uns seit Wochen kannten – uns manchmal alle paar Monate auf der Krebsstation wieder trafen – ging es auch um andere Fragen. Später erst kam die Angst, die Panik vor Schmerz und Leid. Und oft auch die Sorge um den Partner oder die Kinder, die zurückbleiben würden. Später erst kam die Traurigkeit.

Unsere Gespräche wurden allmählich stiller. Die Kranken wählten selbst, worüber und wie lange wir uns unterhielten. Am Bett sitzend schnitt ich die Rinde vom Brot und erzählte der alten Frau zu jedem Häppchen etwas. Wie einem Kind. Wenn draußen die Kastanien blühten, war das ein Thema. Wenn im Garten Maiglöckchen ihre weißen Kappen aufsetzten, berichtete ich. Wenn der Schiffsfahrplan nach Dänemark sich zum Herbst änderte, die Stare das Land verließen und wenn es über der Ostsee nach erstem Schnee roch. Ich versuchte, die Tür zur Welt – zum Leben – so lange wie möglich offen zu halten.

Manchmal sprachen wir auch gar nicht. Weil es ein schlechter Tag war. Die Kraft fehlte. Oder weil alles gesagt schien. Dann hielt ich die Hand länger fest, sah ich bewusster in die Augen des Patienten. Sie waren nicht alle Greise und dement.

Es gab auch den Jungen aus Vietnam, der in der Förde-Stadt Schiffbau studierte und so alt war wie mein Sohn Johannes. Es gab die bildschöne Mutter dreier kleiner Kinder, die mich fragend mit ihren Augen durchdrang. Und da war die sportliche blonde Niederländerin, die in ihren letzten Lebenswochen begriff, dass der Sohn sie nur besuchen konnte, wenn sie ihm verriet, wo sie war. Wenn sie den Kontakt, der schon Jahre nicht mehr existierte, wieder aktiv knüpfen würde. An einem Dienstagnachmittag sah ich die bunten Tuschkasten-Bilder des Enkels in ihrem Zimmer. Mit Heftpflaster an die Wand geklebt. Eine gelbe Sonne lachte mich an. Und sie schien unbezwingbar.

Ihnen allen bin ich begegnet. Viele haben mich reich beschenkt. Mit Zufriedenheit. Mit Humor manchmal - und mit schlichter Güte. Dafür danke ich. Denn sie haben mir gezeigt, dass Menschen einander brauchen. Dass die Angst vor etwas immer schlimmer ist als die wahrhaftige Situation. Und dass sie mir vertrauten.

Doris zur Linden
Oktober 2012

„So neig' ich das Haupt und falte die Hände..."
– Nur ungeweinte Tränen machen krank

Für unsere Kinder

Johannes Felix
Ferdinand Amadeus
Claudius Fidelio
Klemens Fridolin und
Maximilian Petrus

Heute – an einem der ersten sonnigen Vorfrühlingstage – habe ich nach längerer Zeit einmal wieder nach Klemens gesehen. So nennen wir es in der Familie, wenn wir sein Grab unter den großen Kastanienbäumen besuchen, die schon bald ihr fröhliches Schatten spendendes Grün tragen werden. Tannenzweige, die erste Schneeglöckchen, Märzenbecher und Krokusse daran hindern zu wachsen, waren wegzuräumen. Einen alten Blumenstrauß habe ich in den Kompostbehälter getragen.

Und die fast sechs Meter lange Gliederkette aus Goldfolie. Für Klemens im Advent von den Brüdern gebastelt. Wie ein bunter Faden zog sie sich rund um das Grab. Ich konnte keinen Anfang und kein Ende finden …

Primeln in blau, weiß, gelb und rosa habe ich meinem Kind gepflanzt. Sie sehen schön aus. Mit den anderen Blüten wie ein richtiger kleiner Garten. Dass es sich jedoch in Wirklichkeit nicht um ein Beet handelt, macht mir der dicke Findling, der dort eingebettet im Efeu liegt, stets von Neuem unmissverständlich klar.

Klemens Fridolin
* 10. Juli 1986
+ 25. November 1986

Immer wieder bin ich hin- und hergerissen zwischen zwei Bildern, wenn ich dort stehe und diese Buchstaben und Daten lese. Mich bemühe, sie in mich aufzunehmen. Wie würde er heute wohl aussehen? Wie würde er sprechen, womit sich beschäftigen? Was am liebsten essen? Ich versuche, mir Klemens in Kleidungsstücken meiner anderen Jungs vorzustellen.

Und dann das andere Bild. Geprägt von Erinnerungen an ein knapp fünfmonatiges Leben. Das gerade erst begonnen hatte. Szenen und Eindrücke der Vergangenheit, die kaum verblasst sind. Ich ertappe mich dabei, dass ich mir vorstelle, wie er jetzt dort unten in der Tiefe, in der dunklen Erde liegt. Ein Bild, mit dem ich lange gar nicht gut fertig wurde. Das mich bedrückt hat. Angst hatte ich keine dabei. Es war nur schlicht undenkbar. Und einen Schmerz hat es verursacht, der furchtbar weh tat.

Kinder können solche Gefühle anders ausdrücken. „Warum habt ihr ihn nicht in seinem Stubenwagen beerdigt?", fragte Ferdinand, unser damals vierjähriger Sohn, der sehr an seinem Bruder hing und dem es offensichtlich nicht gleichgültig war, wie wir Klemens zu Grabe trugen. Und der eigenen Bedrückung, dem Schmerz über den Verlust, setzte er das Vertraute, das Naheliegende - einfach das Schönere entgegen. Den Bollerwagen mit blauem Wölkchenstoff. Wie gerne wäre ich seinem Vorschlag gefolgt.

Der Tod des eigenen Kindes - welche Empfindungen, Regungen, welche Veränderungen oder Probleme ruft er hervor? Ein schwieriges und zugleich lebenswichtiges Thema. Ich habe viele Berichte von Eltern, meist Müttern, gelesen, die mit ihren ganz persönlichen Schilderungen einen Teil dessen aufzuarbeiten versuchten, was letztlich unfassbar für jeden direkt Betroffenen bleiben muss. Ein Hauch von Selbsttherapie haftet diesen Büchern an. Meine Darstellung ist da gewiss auch keine Ausnahme. Kann sie nicht sein. Denn es hilft wirklich, alles nieder zu schreiben, nachdem man sich das Erlebte erneut ganz nah heran geholt hat. Man lernt dabei, sich besser zu verstehen. Reaktionen anderer einzuordnen und anzunehmen.

Grundsätzlich ist festzuhalten, dass jeder auf individuelle Art und Weise Abschied nimmt und anschließend seinen eigenen Trauerprozess durchlebt. Selbst Paare können sich dabei zwar gegenseitig stützen und zur Seite stehen, den Verlust des Kindes werden sie jedoch nicht immer in gleicher Weise erleben. Zwei verschiedene Persönlichkeiten haben eben auch unterschiedliche Möglichkeiten, Wege und Chancen, den Tod zu erfahren und zu akzeptieren. Vielleicht sogar zu einem Stück ihrer selbst werden zu lassen.

Klemens, unser vierter Junge, hat mich vieles besser erkennen lassen. Nie hätte ich für möglich gehalten, dass ein so winziges Kind von knapp dreitausend Gramm Geburtsgewicht so viel in Bewegung bringen kann. Bei uns als seinen Eltern, bei den Geschwistern, den Großeltern, Freunden und Bekannten. Eben ganzheitlich in der kleinen-großen Welt, in die ich ihn hineingeboren habe.

Der Name, den wir für ihn aussuchten, als wir weder sein Geschlecht kannten, noch von seiner Persönlichkeit wussten, erscheint mir im Nachhinein wie ein Omen. Kein Zufallstreffer, der sich auch noch gut anhörte. Klemens bedeutet laut Lexikon: der Milde. Vielleicht freier übersetzt: der Sanftmütige. Und genau diese letztgenannte Eigenschaft war es, die ihn prägte. Klemens, das Down-Kind. Der kleine mongoloide Junge, der bei seiner Geburt neben den behinderungstypischen Vierfingerfurchen in den Händen auch eine große Ähnlichkeit mit einem seiner Brüder zeigte.

Es würde zu weit führen, die Einzelheiten dieser Schwangerschaft akribisch denen der anderen Kinder gegenüberzustellen. Einige Gedanken will ich dennoch dazu festhalten. Zwei Monate vor seiner Geburt, unmittelbar nach dem beängstigenden Reaktorunglück in Tschernobyl, treffen wir am Strand der Nordseeinsel Norderney während des Urlaubs eine Großmutter mit ihrer geistig behinderten Enkelin. Wir haben den gleichen Heimweg und die Sechsjährige, die zuvor mit den Jungs im Sand spielte, schließt sich uns kontaktfreudig an. Vor dem Hotel ergreift sie schließlich die Hand meines Mannes und will ihm ins Haus folgen. Noch am selben Abend haben wir über das Erlebnis gesprochen. Haben mit wenigen Sätzen auszudrücken versucht, was wir beide empfanden. Und wenn wir nun selbst in ein paar Wochen solch ein Kind bekommen? Diese Frage stellte sich zum ersten Mal so intensiv.

Und es gab kurz vor der Geburt unseres Babys noch jene drei Nächte des Schreckens, nein, voll unerklärlicher Panik. Mein Mann war dienstlich unterwegs, und tagsüber kletterten die Temperaturen bis an die Grenze des Erträglichen. Wie heute sehe ich mich am weit geöffneten Badezimmerfenster im ersten Stock des gelben Hauses stehen und die mit Lindenblütenduft geschwängerte Luft einatmen. Felsbrocken lasteten auf meiner Brust. Ich vermochte kaum Atem zu holen. Angst und Bedrückung schnürten mir in jenen Julinächten des Jahres 1986 die Kehle zu. Zum ersten Mal in meinem Leben empfand ich eine derart starke Beklemmung.

Es hat Jahre gedauert, bis ich den Geruch von blühenden Linden wieder ertragen konnte.

Strömender Regen, als ich mit meinem Mann wenige Tage später nachts ins Hospital fuhr. Ich hatte lange gewartet und die untrüglichen Anzeichen der bevorstehenden Geburt, die schon am Nachmittag des 9. Juli während eines fröhlichen Kindergeburtstages einsetzten, zu ignorieren versucht. So recht wollte ich es nicht wahrhaben, dass es ernst wurde und das Kind bald kommen würde. Stundenlang versuchte ich, mich von den starken Rückenschmerzen und den regelmäßiger werdenden Wehen mit einem seichten Buch abzulenken. Bis die „Uhrenprobe" schließlich kein Zögern mehr gestattete.

Ziemlich verkrampft erklärte ich, wie die Sache stand. Um wenig später die liebevolle Hilfe, die uns schon seit Jahren zur Seite stand, per Telefon zur Beaufsichtigung der drei Söhne ins Haus zu bitten. Die Übergangsphase war schon erreicht, als wir in der Klinik eintrafen. Das Baby und ich hatten gut vorgearbeitet. Aber die starke Übelkeit ließ kaum nach. Ich fühlte mich miserabel. Trotz des falsch eingestellten Köpfchens war die Geburt von Klemens nach langen Presswehen komplikationslos. Ohne besondere Vorkommnisse. Er war ein „Sternengucker". Wie schon zwei seiner Brüder.

Das Kind war gut da. Sah rosig aus. Atmete regelmäßig, und ich fühlte es rutschig und warm in meinen Händen. Aber irgendetwas war anders als sonst. Vielleicht klingt es unglaubwürdig, im Nachhinein dieses sonderbar ungute, unbefriedigende Gefühl schon in jenen allerersten Minuten gespürt zu haben. War das ein Rest vom Urinstinkt der Tiermütter, den wir uns bei aller Intelligenz bewahrt haben? Ich witterte, dass etwas mit Klemens nicht stimmte. Das zierliche Baby schaute mich an. Saugte an meiner Brust, aber ich konnte kaum Entspannung oder gar Erleichterung empfinden. Aufgewühlt rappelte ich mich hoch. Fasste den Arzt am Arm und stellte die Frage, die mich wieder in den Bereich der Sicherheit zurückbringen sollte. „Es ist doch alles in Ordnung?“ So weit sei alles in Ordnung. „Wir sehen uns nachher in Ruhe“, hörte ich. Erst später wurde mir die Zweideutigkeit seiner Antwort bewusst.

Mein Magen war leer, ich fühlte mich trotzdem noch immer schlecht. Unbeschwert freuen konnte ich mich auch nicht. Eine solche Gefühlsblockade war fremd. Sie machte mir Angst.

Die restliche Zeit bis zum herandämmernden Morgen verbrachten wir mit Klemens allein in einem leeren Zimmer. Es sind unruhige, ungute Stunden gewesen, die nach der Anstrengung sonst so euphorisch und schön waren. Wir haben nicht viel miteinander gesprochen. Jeder hing seinen Gedanken nach …

Ruhelos und übermüdet warfen wir uns auf den Betten hin und her, fanden aber keinen entspannenden Schlaf. Selbst ein heißer Tee mit Zucker rann mir zwar durch die Kehle, wärmte jedoch nicht. Die Hände, um die dampfende Tasse geklammert, blieben kalt. Später haben wir über jene erste Nacht mit unserem vierten Kind geredet. Haben versucht, Gedanken auszutauschen. Erinnerungen zu rekonstruieren. Beide fühlten wir unabhängig voneinander die Bedrückung. Etwas Drohendes, das jede Freude erstickte und uns den Hals zuschnürte.

Die Worte des Kinderarztes – wenige Stunden nach der Geburt gesprochen –, ich höre sie noch genau. „Ihr Sohn ist nicht gesund. Hat das Down-Syndrom, eine Trisomie 21. Er wird deshalb geistig behindert sein." Im Taumel der Gefühle - die Informationen trafen mich zunächst allein, denn mein Mann war nach den vielen Klinikstunden nach Hause gefahren – kam ich mir wie das kleine Mädchen vor, das die Sechs in Mathematik beichten muss. ICH hatte versagt. Und mir rutschte der Boden unter den Füßen weg. Später, viel später, habe ich manchmal geäußert, ich sei in jenem Augenblick die Kellertreppe hinuntergefallen.

Dass ich sie langsam – Stufe für Stufe – wieder hinaufklettern konnte, habe ich an Klemens Geburtstag nicht gewusst.

Schon in den allerersten Situationen und Momenten im Hospital zeigten die Mitmenschen unterschiedliche Reaktionen und Gefühle. Und so sollte es auch die knapp fünf Monate, die Klemens bei uns war, bleiben. Es waren nicht viele, die es wagten, sich zu mir auf die Bettkante zu setzen. Die es schafften, mich in den Arm zu nehmen. Mich weinen zu lassen. Die manchmal mit weinten. Selten habe ich so tiefgründige intensive Gespräche geführt wie damals im Sommer 1986.

Allerdings nur mit den Menschen, die es im ersten Schritt fertigbrachten, auf mich zuzugehen. Meine Nähe zu suchen. Manche Bekanntschaft hat sich dadurch gefestigt, Freundschaft ist gewachsen. Es gab aber auch Enttäuschungen und Unverständnis hinzunehmen, sodass sich schon früh herauskristallisierte, auf wen wir weiterhin bauen, mit wessen Unterstützung und Verständnis wir rechnen konnten.

Diese auch für unsere Umwelt so unerwartet und schlagartig eingetretene, alles verändernde Situation wirkte wie ein Filter. Wie ein Brennglas. Wir schauten genauer hin. Und die anderen auf ihre Weise auch.

Noch in der Klinik begannen meine Gefühle Fahrstuhl zu fahren. Immer hoch und wieder abwärts. Um ganz ehrlich zu sein, sie schwankten zwischen:

Wenn ich springe, ist alles vorbei ...
Wir werden es schon schaffen.
Warum stirbt er nicht?
Vielleicht hat das alles einen Sinn ...
Warum gerade WIR?
Kann ich ihn überhaupt lieb haben?

Und so, wie mir die Dinge durch den Kopf schossen – diese vermeintlichen Lösungen des unlösbar erscheinenden Problems –, so entwickelte ich aus mir heraus und gemeinsam mit meinem Mann nach und nach die Kraft, die Geburt von unserem so andersartigen neuen Kind als etwas Abgeschlossenes, in sich Ruhendes zu empfinden. Der eigene Überlebenswille und nicht zuletzt der Wunsch, diesen kleinen Menschen selbstverständlich in die Familie aufzunehmen, waren stärker als die anfänglichen Befürchtungen und Ängste. Und eine „Frühfördermannschaft", bestehend aus drei älteren Brüdern, freute sich auf ihn.

Auf dem Weg hin zu unserem Baby – auf der Straße der Empfindungen, der Gedanken und Überlegungen – ist mir besonders ein Nachmittag im Garten der Klinik gegenwärtig. Er wurde zum Meilenstein für uns, während wir den schmalen Grad entlangbalancierten und versuchten, das Gleichgewicht wieder zu finden. Dort, auf einer Bank inmitten von Obstwiesen, schlossen wir Frieden. Es hatte ja keinen wirklichen Kampf gegeben, aber die Gefühle hatten im Widerstreit gelegen. Den Wagen mit dem schlafenden Säugling vor uns, überlegten mein Mann und ich bei strahlendem Sonnenschein seine Geburtsanzeige. Das war in diesem Fall nicht so problemlos. Einfach und fröhlich wie die Male zuvor. Aber es gab uns doch zunehmend die Sicherheit zurück, die wir brauchten, um „JA“ zu Klemens und „JA“ zu seiner Behinderung sagen zu können.

Wir fühlten uns im Einklang mit der Natur und mit dem kleinen Wesen. Unserem Kind. Zu keiner Zeit hatten wir erwogen, ihm keine Anzeige zu formulieren. Dennoch war uns klar, dass wir von den bisher benutzten Worten abweichen würden. Neue suchen mussten. Wir fanden sie gemeinsam dort auf der Gartenbank. Mit dem Blick auf überreich blühende Blumenbeete und voll Äpfel hängender Bäume.

Klemens Fridolin
* 10. Juli 1986

Wir freuen uns über seine Geburt.
Wir sorgen uns um seine Gesundheit.

Es folgten unsere und unserer Kinder Namen.

Und dann begann der Alltag. In dem es sich zurechtzufinden und zu bewähren galt. Zunächst immer wieder ein merkwürdiges Gefühl im Bauch, wenn ich mit diesem Kind – meinem Sohn – auf die Straße, in die Öffentlichkeit musste. Denn dass wir den Weg hinaus gehen wollten, uns gegen die Isolation entschieden hatten, war ja bereits mit der Geburtsanzeige dokumentiert.

Dennoch hatte ich zunächst Beklemmungen, das Baby einfach in den Kinderwagen zu legen und zu Spazier- oder Einkaufsfahrten aufzubrechen. Die Erfahrungen, die ich in jenen ersten Wochen sammelte, waren so vielfältig wie die Menschen, die sie mir vermittelten. Gute, ehrlich gemeinte Aufmerksamkeit tat wohl und trug wesentlich zu meiner Entspannung bei.

Immer wieder verblüffte mich auch die Tatsache, dass Fremde, die von der Behinderung nichts wussten, diese beim Blick in den Kinderwagen offenbar nicht feststellten. Nun war abzuwägen, WEM man WAS erzählte. Es sollte zwar kein Geheimnis sein, dass mein Sohn das Down-Syndrom hatte. Aber als Erstinformation in die Welt posaunt fand ich es bei Unbekannten nicht geeignet. Klemens war zunächst einmal unser Kind. Ein niedliches Baby, das friedlich schlafend durch die Gegend geschaukelt wurde. Erst im zweiten Schritt war er eben auch behindert. Ich hätte mich und nicht zuletzt ihn um viel Unbefangenheit und echte Freude gebracht, die mir halfen, die Gegebenheiten wirklich anzunehmen.

Natürlich gab es auch andere Reaktionen. Die Geschäftsfrau beispielsweise, die meinen ersten Besuch mit Kind in ihrem Laden nicht ertragen konnte und sich fluchtartig der Begegnung entzog. Es war sicher nicht böse gemeint, schürte aber in mir Wut und Verletzung. Musste ich denn auf alle Leute zugehen? Viel später habe ich erfahren, dass sie selbst Mutter einer behinderten Tochter war, viele negative Erfahrungen gemacht und oft auf Ressentiments gestoßen war.

Stets von Neuem die Situation, jemanden zuletzt während der Schwangerschaft getroffen zu haben und nun auf die euphorische Frage, was es denn dieses Mal geworden sei, reagieren zu müssen. Auf mein „Wieder ein Junge" folgte unweigerlich das „Na, Hauptsache gesund!" Das war vorprogrammiert. Vorhersehbar. Zu kalkulieren. Und erleichterte mir den nächsten Schritt. Flüchtige Bekannte ließ ich freundlich ziehen. Diejenigen jedoch, die ich immer wieder treffen würde, bekamen nähere Informationen.

In seinem Schock – gekoppelt mit Hilflosigkeit und Unachtsamkeit – glaubte so mancher, uns mit Allgemeinplätzen trösten zu müssen. Wir hörten von schweren Fällen derartiger Behinderung, die schließlich doch im Heim gelandet seien, weil man nicht mit ihnen fertig wurde. Vom Down-Mädchen war die Rede, das sich bei gesellschaftlichen Ereignissen im Elternhaus den älteren Herren auf den Schoß setzte und deshalb in der Familie nicht mehr tragbar war. Derartige Äußerungen waren nicht dazu angetan, mein noch wackeliges Selbstvertrauen zu steigern oder gar zu festigen.

Meine Erinnerungen sind daher der Versuch einer Kommunikation. Ein ganz persönliches Mittel, Verständnis und Kontakt zu suchen, wo es im Krisenmoment oft keinen gab. Sie sind sicher auch die Reaktion auf Erlebtes, Erfahrenes, manches Mal unverständlich gebliebenes Verhalten selbst nahe stehender Menschen. Und nicht zuletzt darf man sie verstehen als meine Abgrenzung gegenüber hergebrachten Denk- und Handlungsweisen, die einzuordnen mir noch immer schwer fällt.

Klemens war ein Kind, das die Kiste der verborgenen und unterdrückten Gefühle gründlich durcheinander gerüttelt hat. Das ist ganz vielen Leuten so gegangen – nicht zuletzt im Juli des vergangenen Jahres auch uns, seinen Eltern. Wir hatten natürlich auf der einen Seite den Vorteil, täglich mit ihm umgehen zu dürfen, seine Entwicklung hautnah verfolgen zu können. Ich meine jedoch sagen zu müssen, dass wir die Hauptbetroffenen waren und nicht die anderen. Auch wenn sie sich durch die Behinderung unseres Sohnes noch so erschüttert zeigten. Generell gestehe ich jedem zu, auf seine Art und Weise zu reagieren – oder eben nicht.

Ich versuche aber andererseits nachzuvollziehen, warum so mancher vor lauter Panik nicht in der Lage war, Zuwendung und Nähe zu schenken. Ich habe mich allein gelassen gefühlt. Und mein Gefühl hat mich nicht getrogen. Denn sie waren alle froh, dass es irgendwie lief. Der Alltag von mir diszipliniert und zuverlässig geregelt und organisiert wurde.

Wie sehr wünschte ich mir Menschen, die mir helfen, anzunehmen, was ist. Wie gerne hätte ich – und wenn ich noch so erwachsen bin – jetzt jemanden, der lebenserfahrener und gelassener als ich mit der schwierigen Situation umginge.

Es sei nicht unsere Aufgabe, haben Freunde liebevoll mitfühlend und realitätsbewusst gesagt, uns darum zu kümmern, wie es anderen mit der Behinderung unseres Kindes gehe. WIR müssten jetzt niemanden trösten. Ich habe es dennoch getan. Für Klemens, für uns und für das Verhältnis der anderen zu ihm.

Wäre ich ehrlich gewesen, hätte ich gesagt: Ich bin nicht willens und nicht in der Lage, euch zu helfen bei den Schwierigkeiten, die ihr damit habt, dass ein Mensch – gar ein ganz kleines Kind – geistig behindert zur Welt gekommen und später auch noch gestorben ist. Und belastet mich bitte nicht noch mit euren Problemen.

Im Übrigen könnte ich versuchen, nach dem Motto zu leben: Augen zu! Da durch! Sich ablenken, verdrängen. Nicht nachfragen. Lieb sein. Tapfer und dankbar sein für das, was trotz allem ist. Ordnung halten. Sich nicht gehen lassen. Auf später hoffen, wenn alles gut oder vieles vergessen ist. An die drei gesunden Kinder denken. Wenn´s sein muss, eine Maske aufsetzen. Ich kann und will das aber nicht! Für mich ist alles so scharf und gegenwärtig. Ich muss sehen und verstehen, was war und was ist. Bis ich erlebt habe, dass es zu einem Teil meines Lebens geworden ist. Ich muss mich darauf einlassen. Und wenn es mir noch so graust. Ich wünschte, es gäbe einen einfacheren Weg.

Klemens war ein besonderes Kind. Und er hatte auch einen besonderen Tod. So könnte ich diesen Abschnitt beginnen. Ich möchte aber lieber schreiben: Klemens war zwar kein Kind wie jedes andere, aber hatte einen Tod, wie ihn in Deutschland täglich zehn andere gesunde Babys auch erleiden. Plötzlich und unerwartet. Den Krippentod, auch Plötzlicher Kindstod genannt.

Am Nachmittag des 22. November 1986 fand ich ihn leblos, jedoch stoßweise und unregelmäßig atmend in seinem Kinderwagen. Ganz blass war das zarte Gesichtchen. Fast wie aus Porzellan. Und die Lippen hatten einen bläulichen Ton. Mit allen Fasern spürte ich die Gefahr, roch ich den Tod. Die aufkeimende Panik fand aber keinen Platz. Wie einen Film kann ich noch immer das Geschehene und bis heute Unfassbare vor meinen Augen ablaufen lassen.

Mit dem Kind auf dem Arm zum Telefon. Woher wusste ich in jenem Moment bloß die Nummer des Notarztes? Gezielte Informationen an den Mediziner. Verständigung mit der Nachbarin. Denn im ersten Stock schlief nichtsahnend der zweijährige Bruder in seinem Gitterbett. Dann bestieg ich mit meinem Sohn in den Armen den Notarztwagen. Der Weg bis zur Kölner Kinderklinik - er war endlos. Trotz der bei Rot überquerten Ampeln und der entgegengesetzt befahrenen Einbahnstraße. Ständig habe ich Klemens dabei gestreichelt. Massiert. Fest an mich gedrückt. Eigentlich wider besseres Wissen.

Die Blutgaswerte sind extrem schlecht. Das Kind wird untersucht. Zur Versorgung von Ärzten und Schwestern fortgetragen. Als ob es sich gerade erst ereignet hätte, sehe ich mich auf dem kalten zugigen Flur vor der Intensivstation sitzen. Auf meinem Schoss umklammere ich nun einen blau-weiß geringelten Strickpullover. Seine Unterwäsche. Die Söckchen und das Plumeau. Dort zum ersten Mal ein Anflug von körperlicher Übelkeit. Zittern ... NEIN.

Die Tür geht auf. Es erscheint der Oberarzt und führt mich zu dem Wärmebettchen, in dem mein winziges Kind angeschlossen an ein Beatmungsgerät und furchtbar viele Schläuche - nur mit einer Windel bekleidet - auf dem Rücken liegt. Ich nehme ohne Panik und völlig konzentriert die Diagnoseversuche und Erläuterungen zur geplanten Vorgehensweise zur Kenntnis.

Gerne hätte ich ihn gestreichelt. Traute mich aber nicht zu fragen. Ich bin seltsamerweise überhaupt nicht auf die Idee gekommen, diese Bitte zu äußern.

Abends im Taxi, auf der Rückbank des muffig riechenden Ford erneut das Gefühl der Ohnmacht. Die

Situation glitt mir aus den Händen. Ich habe es genau gespürt. Und wieder das mit buntem Kinderstoff bezogene Kissen auf meinen Knien. Dort habe ich die ersten Tränen geweint. Dabei verschämt zum Fenster hinaus in den regnerischen Novemberabend gestarrt.

Dort hat mich zum ersten Mal die Frage gepackt: Wie erkläre ich das alles meinem Mann? Der Verstand sagte mir zwar, dass dieses Unglück ohne mein Zutun, ohne meine Schuld seinen Lauf nahm. Nicht durch mich hervorgerufen. Nicht von mir steuerbar. Und dennoch: Allein der Umstand, dass ich ihn erst am nächsten Morgen aus New York zurückerwarten konnte, nahm mir jegliche Sicherheit. Stundenlang war ich immer von Neuem auf der Suche nach eigenen Versäumnissen.

Die nächsten drei Tage vergingen wie in Trance. Fahrten ins Krankenhaus. Zu unserem sterbenden Kind. Gespräche mit Ärzten und Schwestern. Sie wechselten mit Phasen der Lethargie. Warten auf das EEG-Ergebnis. Warten auf ein Wunder, von dem ich wusste, das es nicht mehr eintreten konnte. Mit den Ärzten hatten wir abgesprochen, dass sie keine äußersten Mittel geben würden. Keine langwierigen Prozeduren. Sie hätten nicht Leben erhalten, vielmehr das Sterben hinausgezögert. Lediglich künstlich beatmet wurde Klemens nun noch.

Nachdem aus dem OB ein WANN geworden war, gab es keine Atempause mehr. Schon lange kein ansprechbares reagierendes Kind. Unsere gemeinsame Zeit neigte sich ihrem Ende zu. War vorbei. Und das Warten war nur noch ein Warten auf die Endgültigkeit.

Am Abend des 24. November 1986 wurde Klemens getauft. Auch der Pfarrer trug dabei einen grünen Kittel und versuchte mühsam, seiner Gefühle Herr zu werden. Auf dem Wärmebettchen in Höhe seines Kopfes die kleine Silberschale mit Wasser. Nach der Taufe, die wir uns so ganz anders vorgestellt hatten, die wir im Advent gemeinsam mit der Familie und Freunden festlich begehen wollten, habe ich meinem Sohn lange die dünnen Hände gestreichelt. Viel weiter reichten meine Finger nicht in den Inkubator hinein.

Wie oft noch werde ich in diese sterilen Mäntel und Schuhe schlüpfen müssen … dürfen? Die Antwort auf meine bange Frage kam schon am folgenden Tag. Nachdem wir uns nach langen Nachmittagsstunden auf der Intensivstation nur zögernd von unserem Kind trennen konnten, denn es warteten und brauchten uns seine drei Geschwister ebenso dringend, kam unmittelbar nach unserer Ankunft daheim der Anruf.

Klemens war um 17.30 Uhr gestorben, während wir auf der Autobahn nach Hause fuhren. Sein Herz hatte aufgehört zu schlagen. Der Kreislauf war zusammen gebrochen. Jener 25. November 1986 war ein Dienstag.

Es sei alles sehr schnell gegangen, hörte ich die Stimme am anderen Ende der Leitung sagen. Pause. Von mir kam keine Antwort. Ich umklammerte den Telefonhörer, als könnte ich mich daran festhalten. Wir kamen überein, dass der tote Klemens in seinem Wärmebettchen, das erst nach unserem Eintreffen in der Klinik ausgeschaltet wurde, auf uns warten könne …

Nun war er also da, der Augenblick, in dem ich zum letzten Mal solch einen Kittel überziehen musste, um den Schritt vom Flur um die Ecke in den Raum zu wagen. Ich schaffe das nicht. Traue mich kaum vorwärts. Erstmals drohen mir die Beine wegzusacken. Ich habe große Angst vor dem, was mich erwartet – was ich mir vorstelle.

Und dann dieser Frieden. Der sich sofort auf mich überträgt. Mit einem Schlag ist die Übelkeit verschwunden. Bin ich trotz der unmittelbaren Nähe des Todes ganz ruhig.

Völlig entspannt lagst du, mein Kind, vor mir. Ohne jeglichen störenden Schlauch. Ohne Infusionsnadeln. Angezogen und ein Mützchen auf dem Kopf. Wie eine Puppe hast du ausgesehen. Ein unsicherer Blick auf die Geräte war der letzte Beweis. Nichts piepte mehr, kein Flackern. Keine Kurven, kein Licht. Bei Schneewittchen im Märchen würde es jetzt heißen: Das gute Kind war tot und blieb tot. Und es kamen die Zwerge und beweinten es.

Fast zwei Stunden hielten wir Klemens in den Armen. Die Berührung seines Körpers hat uns wohl getan. Lockere Hände, sanft geschlossene Augen. Das ganze Kind war entspannt, ruhte in sich. Seit jenen Stunden hat das Wort „Engelslächeln" eine andere, neue Bedeutung für mich.

So etwas vergisst man nicht. Es wird nicht besser. Man lernt aber, mit dem Tod zu leben. Für die anderen und für sich selbst. Mit Klemens habe ich für immer ein Stück von mir verloren. Wie einen Arm. Der wächst auch nicht nach.

Ein Kind ist nur viel schlimmer.

Schließen werde ich meine Aufzeichnungen, meine Erinnerungen mit einer Strophe aus dem „Sonnengesang" von Franz von Assisi. Einem Text, den meine Großmutter, die drei ihrer Söhne im Krieg verlor, so sehr geliebt hat. Eine von ihr selbst gefertigte Abschrift gelangte damals in meine Hände.

„Preis dir, oh Gott, für diese schöne Erde,
Die uns zur Mutter gab dein mächtig Wort,
Dass sie die Heimat uns´rer Tage werde
Und uns´rer Tage festgefügter Ort.
Und dann, o Herr, was noch das Größte ist,
Dass du uns gabst dies übervolle Herz,
Das zitternd schlagend deine Herrlichkeit ermisst
Und sehnsuchtsvoll zu dir will himmelwärts.
Preis dir, mein Gott, wenn dann der Tod gekommen
Und wir in deinen Frieden geh´n.
Wenn dieses Leibes Schranken uns genommen
Und wir in deine Vateraugen seh‘n.
So neig‘ ich das Haupt und falte die Hände:
Herr, du der Anfang, Herr, du das Ende!“

Sophias Augen

Ihre Knochen sind mit der Zeit löchrig wie Klöppel-Spitze geworden. Von Bestrahlung und Chemo war sie inzwischen so geschwächt, dass die Ärzte beschlossen, alles abzusetzen. Sie war kein Experiment mehr. Endlich war alles geworden. Und jede Sekunde bedeutete ihr alles.

Ich kannte sie seit Wochen. Hatte sie immer wieder besucht. An ihrem Bett im Krankenhaus gestanden – mich mit ihr unterhalten. Hatte ihre Geschichte gehört. Sie erzählte gern von ihrer Zeit nach dem Krieg, in der sie im Nachbarland Dänemark als Kindermädchen arbeitete. Sie hatte noch ihr helles Haar, graue Strähnen vom Leben eingewebt. Das wurde mit jedem Behandlungstag dünner und weniger. Bis sie mich eines Nachmittags mit einem Vergissmeinnicht-blauen Kopftuch überraschte. Eine Sterbende ohne Haar, mit einem Kopftuch, das auf ihrem kahlen Schädel nicht halten wollte und immer wieder den Blick frei gab auf dessen glatte weiße Haut. Die Patientin wusste Bescheid, hatte aber die Hoffnung noch nicht ganz aufgegeben, dass sich alles wenden könnte. Das tat sie wohl auch für die zwei Töchter, die regelmäßig an ihr Bett kamen. Das Enkelkind – „den Maikäfer", wie sie sich ausdrückte – im Kugelbauch der Jüngeren hätte sie liebend gern noch kennengelernt. Es kam am Tag nach ihrem Tod auf die Welt. Sie wird Sophia genannt. Nach ihrer Großmutter.

Sophia hatte das Kopftuch, ihren Turban, wohl nach der Farbe ihrer Augen ausgesucht. Nie zuvor und niemals wieder habe ich derartige Augen gesehen. Aus jedem strahlte mich eine ganze Vergissmeinnicht-Wiese an. Glänzend, freundlich. Der aufkeimende unschuldige Frühling. Vermeer malte das Mädchen mit dem Perlenohrring und kleidete es mit einem kunstvoll gewickelten blauen Turban. Nur bei ihm habe ich Sophias Augenfarbe gefunden.

„Wenn ich nicht mehr hier sein werde“, ihre Stimme klang sonderbar klein und verloren, „werde ich doch auf der Reise meine Kinder nie verlassen. Können Sie ihnen das sagen, wenn die beiden das nächste Mal kommen?“ Die Kranke hatte sich diesen Satz lange überlegt. Und noch länger hatte sie wahrscheinlich darüber nachgedacht, ob sie mich um so etwas bitten sollte. Manchmal hörte sie nun auf zu denken. Grübelte und fragte nicht mehr so viel. Sie konnte jetzt auch schlecht schlucken. Das Gift im Körper hatte ihren Mund entzündet. Die kleine Frau lag in ihrem Bett. Oft mit angezogenen Beinen, die Hände unter der Decke. Wie ein winziges Kind. Dann war sie allein mit sich, sah ein Weltall mit dunklem Himmel. Vielleicht aber auch eine Sternendecke wie bei „Peterchens Mondfahrt“.

Ihre Blumenaugen fragten mich noch manches Mal, ob ich sie nicht schrecklich fände – so ganz ohne Haare. Fremd oder gar hässlich? „Sehe ich furchtbar aus?“, schienen sie wissen zu wollen. „Mir gefallen Sie so“, antwortete ich ihr, „Sie sehen aus wie ein kleiner Spatz in seinem Nest oben in der Linde.“ Darauf verzog Sophia ihren schönen schmalen Mund zu einem entgleisten Lächeln und legte ihre rechte Hand auf meine. Das war selten, denn ihre Hände waren oft unruhig. Wie zitternd flatternde Schmetterlinge. Glieder, die kaum noch zu koordinieren waren. Vor ihren Töchtern wollte sie den Verfall verbergen. Aber dieses Versteckspiel wurde immer schwieriger.

Ich sah das Wasserglas in ihrer Hand schwanken wie ein Boot auf hoher See. Ein Strohhalm war der

Mast. Aber auch der schlenkerte hin und her wie im Sturm. Sophia brauchte ihre Zeit auf, klärte ihren Geist und schlief viel. Dämmerte vor sich hin. In eine andere Welt hinein. Sie benötigte ihre ganze Kraft zum Atmen. Nur wenige Worte und sie war erschöpft. Für Sekunden öffnete die Kranke manchmal ihre blauen Augen, die jetzt einen besonderen Glanz trugen. Als hätten sie sich geputzt. Aber sie konnte noch nicht loslassen. Etwas hielt sie. Hinderte sie, still zu gehen.

In ihren Gedanken schien es zeitweise dunkel wie im Wald von Hänsel und Gretel zu sein. Die verloren ihren Weg dort. Aber sie hielten sich dabei immer an den Händen. Hielten sich aneinander fest. Was sollte ich tun? Was konnte ich noch tun? Ohne zu reden einfach dazusitzen ist schwer. Stille erträgt sich nur mühselig. Sophia erkannte meine Stimme schon von ferne. Ihr Gehör war nach wie vor fein. Vielleicht wähnte sie mich von einem anderen Planeten kommend? Ich erkannte, dass sie mich erkannt hatte. Nur an der Stimme. Dann gab sie sich alle Mühe, ihre Hände zu bewegen. Teils fahrig, aber noch mit Kraft. Manchmal verkrampften sie sich, um nach einer Weile müde auf´s Kissen zu stürzen. Kalt. Nach Wärme suchend.

Sie wollte Zeit. Nur noch ein ganz klein wenig. Eine Uhr voll Zeit erbittend lag die Patientin auf dieser onkologischen Station und wartete. Auf den nächsten Tag, die nahende Nacht, die nächste Woche. Auch auf mich hat sie gewartet, denn ich besuchte sie immer dienstags. Sophia öffnete ihre Blumenaugen für einen Moment, als ich wieder am Bett stand und sie begrüßte. Wie ein kleines Kätzchen, das es enorme Kraft kostet, die riesige Welt zu betrachten. Sie hatte sich aus ihrer Traumwelt des Übergangs in die Wirklichkeit zurückkatapultiert.

„Ich habe gestern Nacht von einem Baum geträumt“, erzählte sie mir und sah zufrieden, fast glücklich dabei aus. „Er stand am Ufer“, und der Seewind habe in seinen Blättern gespielt. „Groß und grün ist der Baum gewesen“, murmelte Sophia und schaute mich lange still fragend an. Diese Vermeer´schen Augen sprachen. Sie erzählten einfach weiter. Sprangen für die Stimme ein. Sie erzählten mir von den prallen Rotbuchen, vom Gras, von betörend rosa Apfelblüten und gelben Sonnenblumengesichtern. Sophias Augen sangen von jenem Baum, dessen volle Krone der Nordwind verwuschelte. Von zartgrünem Hafer auf einem Feld mit blauen Kornblumen-Tupfen und den klatschroten Sommersprossen des Mohns.

Danach wurden die Augen der zarten Frau trübe. Ein bisschen wie unter Wasser vielleicht. Oder wie hinter einem ziehenden Wolkenband. Verschleiert, bruchstückhaft sehend, aber im Zusammenspiel mit einer Stimme und der Berührung meiner Hände doch zu einem heilen Ganzen werdend. Dessen Schatten nicht mehr bedrohten. Die zogen nun einfach vorbei und Sophia winkte ihnen freundlich nach.

Ich habe sofort an Hans Christian Andersens Märchen „Der letzte Traum der alten Eiche“ denken müssen, das der Dichter auf Schloss Holsteinborg in Südwest-Seeland schrieb. Der schrullige Eigensinn komponierte gern Menschliches mit Tieren und Pflanzen. Schuf auf seine Art einen Spiegel, in den zu schauen sich immer lohnt. Dort sehen wir Stopfnadeln, Veilchen, Zinnsoldaten, Buschwindröschen, Mücken und Bäume, die wie Ebenbilder sind.

Nachdem ich Sophia von diesem Märchen erzählt hatte, versprach ich, es ihr beim nächsten Besuch vorzulesen.

Sie schaute zum Fenster, vor dem heute eine gewaltige Kastanie ihre weißen Kerzen angezündet hatte. Dunkle blau-schwarze Rabenvögel fremd im hellen Grün. Kehlige Laute, die dreist klangen. Der Tag hatte nun doch einen Makel, und ich sollte das Fenster nicht öffnen. Die 70-jährige lag im Sterben, während draußen auf der Straße der Verkehr brauste, Kinder lachten und schaukelten, die Bremsen eines Betonmischers vor der Ampel quietschten. Aber sie schien nicht mehr an die Erde gebunden, schien frei zu sein.

„Der letzte Traum der alten Eiche" – ich hatte den Text zum 200. Geburtstag des reiselustigen Dänen mit der langen Hakennase in einer Flensburger Buchhandlung gelesen. Hatte lange nachdenken müssen, um ihn verstehen und vortragen zu können. Nachdem ich an jenem Dienstagnachmittag die übliche Patientenrunde über die Station gemacht hatte, kam ich endlich zu Sophia. Die lag blass und sehr schmal, fast bewegungslos, in ihren Kissen. Auch heute das blaue Tuch, von dem ich meinen Blick kaum wenden konnte. Leise nahm ich auf dem Stuhl neben ihrem Bett Platz. Es war schon Abend und alles fiel von mir ab, als ich zu lesen begann.

„Da stand einmal im Walde, hoch am Abhang beim offenen Strand eine Eiche, so eine richtige alte Eiche, die genau dreihundertfünfundsechzig Jahre alt war. Aber diese lange Zeit hatte für den Baum nicht mehr zu bedeuten, als ebenso viele Tage für uns Menschen … Manchen warmen Sommertag hatte die Eintagsfliege um seine Krone getanzt, gelebt, geschwebt und sich glücklich gefühlt. Und ruhte dann das kleine

Geschöpf in stiller Glückseligkeit auf einem der frischen Eichenblätter, dann sagte der Baum immer: 'Du armes kleines Wesen! Nur einen Augenblick währt dein ganzes Leben! Wie kurz doch! Es ist traurig!´…"

Ich las Andersens Märchen vom Abschiednehmen, wie Sophia es gewiss auch ihren Töchtern erzählt hätte. Immer wieder schaute ich auf, beobachtete den still daliegenden Körper der vom Tod Gezeichneten.

„Die Krone des Baumes bewegte sich, als ob er etwas suchte, als ob ihm etwas fehlte. Er schaute zurück … Und der Baum, der immer wuchs, fühlte, dass sich seine Wurzeln aus der Erde lösten. `Das ist nun das Allerbeste!´ sagte der Baum, ` nun hält mich kein Band mehr! Ich kann mich zum Allerhöchsten in Licht und Glanz emporschwingen! Und alle Lieben habe ich bei mir, klein und groß …´"

Ihre mageren Hände mit dicken blauen Adern, die Beine bewegungslos unter dem Laken. Sie rührte sich kein einziges Mal. Zuckte nicht, lag da wie tot. Vielleicht war sie eingeschlafen, während ich von der Eintagsfliege und der Eiche vorlas und eine Landschaft auferstehen ließ, die sie aus früheren Jahren zu kennen schien. Vertrautes hatte sie schon im Traum besucht. Und es hatte ihr keine Angst gemacht.

„Die See wurde ruhiger und auf einem der Schiffe draußen auf dem Meere, das während der Nacht das harte Wetter wohl überstanden hatte, wurden jetzt alle Flaggen gehisst. ´Der Baum ist fort! Der alte Eichbaum, unser Wahrzeichen auf dem Lande!´ sagten die Seeleute. `Er ist gefallen in dieser Sturmnacht! Wer wird ihn uns ersetzen können?´"

Ihr Atem wurde immer ruhiger. Vogelleicht. Manchmal mit einer längeren Pause. Dann holte Sophia wieder Luft und seufzte tief. Sie lebte noch einmal mit Andersens Fliege und Baum. Roch Anemonen, Klee und Waldmeister. Niemand konnte ihr mehr etwas antun, denn sie hatte nichts mehr zu verlieren. Und bald würde ihr Kopf an den Himmel stoßen.

In Decken gehüllt und doch immer frierend lag sie da. Ob sich wohl jemand an sie erinnern wird? Es rauschte in den Bäumen von Südwest-Seeland. Und in Sophias Ohren – nein, im ganzen Kopf – herrschte auch ein großer Sturm. Etwas Wunderbares ging da vor.

„Eine solche Leichenrede, kurz, aber wohlgemeint, erhielt der Baum, der auf der Schneedecke am Ufer ausgestreckt lag. Und über ihn hin erklang ein feierlicher Choral vom Schiffe, ein Lied von der Weihnachtsfreude und der Erlösung der Menschenseelen in Christo und vom ewigen Leben."

Mit ruhigen Lidern über den Augen, geschlossen wie die Taudecke, die sich zart über eine Morgenwiese breitet, ging sie in Andersens Märchen. Mit einem großen Frieden auf dem Gesicht. Als ich das Ende erreicht hatte, sahen mich zwei strahlend funkelnde große Vergissmeinnicht an. Und die kleine Frau fragte leise: „Schön … nicht?"

Ich habe mich von ihr verabschiedet. Sie war glücklich an jenem Abend. Sophia ist zwei Tage später still gestorben. Hat einfach zu atmen aufgehört. Es war ganz leicht.

Und wenn ich mir im Frühling ein Sträußchen Vergissmeinnicht pflücke, blinzeln mich manchmal zwei der kleinen Blüten lachend an.

Wie zwei Sterne. Ein Becher Himmel mit Wolkenschaum.

Weißt du, wie viel Sternlein stehen?

Achtundneunzig war sie und wurde an einem Dienstagnachmittag aus dem Altersheim, in dem sie die letzten fünfzehn Jahre ihres sich neigenden Lebens zu Hause war, ins Hospital gebracht. Was mochte sie alles gesehen haben? Wofür hatte sie sich interessiert? Sie schien ganz allein übrig geblieben zu sein. Von einer Familie, die vielleicht in alle Himmelsrichtungen versprengt war. Ihre zwei Männer hatte sie lange überlebt. Kinder gab es wohl nicht. Es waren jedenfalls keine in Sicht. Im Heim, das so schön friedlich am grünen Stadtrand lag, dass seine Bewohner die anderen Menschen nicht mit ihren Rollstühlen, Rollatoren, Gehhilfen und ihrem verwirrten Anderssein störten, hatte man auch nie Kinder bei ihr gesehen.

Die Greisin wurde zum Sterben in die Klinik gebracht. Eingeliefert per Krankenwagen. An diesem grau-kalten Dezembertag, der so aussah, als würde er in wenigen Stunden in wattigem Pappschnee ersticken. Denn um eine Sterbende hätte man sich ja irgendwie anders kümmern müssen. Das passte nicht in den Ablauf. Harmonierte nicht mit dem Tagesplan. Und wäre überhaupt mit allerlei Unannehmlichkeiten verbunden gewesen. Nein, Anna Hartwigsen sollte nun, wo es ihr deutlich schlechter ging und sie auch ihr Bewusstsein verloren hatte, doch besser ins Krankenhaus. Da würde man schon auf sie achten. Sie ihrem Zustand gemäß, den selbst der unfachmännische Beobachter getrost präfinal nennen durfte, behandeln. Medizinisch versorgen eben.

Das Bett, in dem die Alte lag, schien viel zu groß für sie. Die kleine Frau war zart wie ein schmächtiges Kind. Ging verloren in Kissen und Decken. Sie musste sich dort verlieren, denn ich konnte sie nur mühsam erahnen. Sie schwamm im endlosen Plumeau-Meer, auf glattem Laken.

Einsam lag sie dort. Wie ein Säugling, für den selbst seine Wiege noch zu groß und geräumig erscheint. Außerdem stand das Bett des Neuzugangs vom heutigen Nachmittag eine Weile auf dem Flur. Es waren alle Zimmer belegt. Die Station voll.

So kam ich in den nächsten Stunden während meines Rundgangs immer wieder einmal bei Frau Hartwigsen vorbei. Sie nahm mich nicht wahr. Dafür hätte es wirklich mehr bedurft als eines flüchtigen Blickes in ihr faltiges helles Gesicht. Angestrengt wirkte sie. Verkrampft und unruhig. Und es wollte sich so gar kein Frieden einstellen. Womit hatte sie sich wohl beschäftigt? Welcher Arbeit war sie nachgegangen? Wie mochte ihre Kindheit gewesen sein, die sie schon in Flensburg verbracht hatte?

In ihren 98 Jahren hatte sie gewiss auch viele schöne Dinge erlebt. Dampferfahrten mit der „Alexandra", der „Feodora" oder der „Libelle" auf der Förde konnte ich mir vorstellen. Anna im bezaubernd weißen Kleid. Mit blumenumkränztem Hut samt Ausgehtäschchen. Aber erst, nachdem die Küche mit Feudel und Leuwagen gewischt und der Abwasch gemacht war! Ihre Freundinnen hatten unten am Mietshaus in der Apenrader Straße schon zweimal geklingelt. Dann waren sie endlich glucksend und albernd - die Arme gegenseitig untergehakt - kichernd losgezogen.

Zum Anleger an der Schiffbrücke, wo das Abenteuer unter Schwaden schwarzen Kohlenrauchs begann. Sie gondelten per Dampfer, der zum Ausflug über die Toppen geflaggt war, an einer Buchen bestandenen malerisch-grünen Küste entlang. Direkt ins

Königreich. Denn Dänemark lag genau gegenüber. Am anderen Ufer. Kuchen, Butter- oder Streuselschnitten, hatten die jungen Mädchen dabei. Der wurde nach Ankunft am Ziel in einer Kaffee-Laube verspeist.

Dort wurde natürlich auch der neueste Klatsch ausgetauscht. Sie erzählten von den Ungerechtigkeiten ihrer Eltern, trösteten sich bei Schulschwierigkeiten und gaben einander neumodische Tipps für die Singer-Nähmaschine. Kleine Liebesabenteuer, ein verstohlener Blick über den Nachbarzaun hinweg oder die kühne Begegnung mit dem Angeschwärmten auf dem Wochenmarkt – getarnt als hilfreicher Fischeinkauf zum Wohle der Familie – blieben dabei nicht unerwähnt. Alle diese geheimen Kostbarkeiten hüteten die Freundinnen wie ein Schatzkästchen. Daher ließen sie sie beim abendlichen Anlegemanöver der „Feodora" auch auf dem Dampfer zurück. Gut versteckt hinter Reling und Brücke. Von dort oben winkte ihnen so manches Mal der Kapitän in seiner schmucken nachtblauen Uniform mit glänzenden Streifen und ankerverzierten Knöpfen nach. Mit maritimem Gruß führte er seine Hand zum Keks der Mütze. Vorne hatte die eine gedrehte würdevolle Goldkordel, die seine strahlende Aura unterstrich.

Anna Hartwigsen hatte wirklich gelebt. Lebte noch immer. Aber ihr langes buntes Leben neigte sich seinem Ende zu.

Trotz der Unruhe auf dem Klinikflur schob sich jetzt allmählich eine Stille auf sie zu. Ihre Frisur sah grauenvoll aus. Gelblich-weiß und ungepflegt. Lag es am Personalmangel im Heim, dass die Strähnen schon länger nicht gewaschen zu sein schienen? Wie würde sie sich fühlen, sähe sie sich so im Spiegel? Wann hatte sie selbst aufgehört, das blonde, später weiße Haar zu einem immer dünner werdenden Zopf zu flechten? Der zusammengerollt, mithilfe von dicken Nadeln und Klämmerchen, sodann ein knubbeliger Dutt an ihrem Hinterkopf wurde? Wann war der Moment, in dem Anna beschloss, sich aufzugeben?

War es vor acht Jahren im Januar, kurz nachdem der Bürgermeister mit einem bunten Blumenstrauß in das kleine Zimmer am grünen Stadtrand kam, um ihr schnell zum 90-jährigen Leben zu gratulieren? Er hatte eigentlich keine rechte Zeit. Eine Museumsausstellung war noch zu eröffnen. Akten mussten studiert, mit Parteifreunden wegen der Ratssitzung telefoniert werden. Und zu Hause wollte seine Frau extra für ihn Grünkohl mit Mettwurst, Schweinebacke und süßen Kartoffeln kochen. Da musste er pünktlich heim.

Anna Hartwigsen kam ihm da doch etwas in die Quere. Wo sie ihn auch noch aufforderte – da er nun schon mal gekommen war – im Sessel ihr gegenüber am Fenster Platz zu nehmen. Vielleicht gar ein Tässchen Kaffee mit ihr zu trinken. Bei drei bis vier Heidesand-Keksen ein bisschen zu plauschen. Ja, das wäre schön gewesen. Es war ihr 90. Geburtstag. Die zierliche Seniorin hatte sich einen Moment lang gefreut, als die Tür aufging und der wichtige Mann, den sie bisher nur aus der Zeitung kannte, sich extra zu ihr auf den Weg gemacht hatte.

Sie wurde dann schnell ruhig, weil sie merkte, dass auch er keine Zeit für sie hatte. Sehr still schaute sie hinaus in den kahlen Wintergarten. Die Bäume standen grau wie Soldaten in Uniform. In Reih und Glied. Und es würde noch so lange dauern, bis die erste Narzisse eidottergelb strahlte.

Der Bürgermeister erzählte seiner Gattin später bei Grünkohl und Schweinebacke – es schmeckte ihm köstlich nach den Anstrengungen dieses Vormittags – von einer verwirrten Frau. Neunzig sei die heute geworden. Habe ihn gar nicht wirklich wahr genommen. Und ob das wohl alles seine Richtigkeit hätte, mit diesen Heimen. Wo die Alten nur noch verwahrt würden.

Die Patientin wurde schließlich doch noch in einem Zimmer untergebracht. Drei andere Frauen schob man zusammen. So klappte das. Anna Hartwigsen, der die Mutter früher manchmal aus Gänseblümchen-Gesichtern ein unschuldiges Kinderkränzchen flocht und in die wilden Locken drückte, lag noch immer ohne Bewusstsein in den Kissen. Jetzt im Einzelzimmer, das von den Schwestern „Verabschiedungszimmer“ genannt wurde. Mit Blick auf den asphaltierten Innenhof und einige Wirtschaftsgebäude des Hospitals.

Ich sah sie mir nun in aller Ruhe genau an. Schaute in ihr fahles Gesicht. Die blau geäderten Hände mit gichtknotigen Fingern und den grob geschnittenen Nägeln. Ganz nah stellte ich mich ans Bett. Beugte mich über die Greisin, die Falten ihrer runzligen Haut betrachtend. Es lag eine Einsamkeit in diesem Alter. Aber auch eine große Würde, nach der ich zunächst ein wenig suchen musste. Ob es noch lange dauert, bis sie stirbt? Vielleicht roch Anna gerade den Duft der prallen Linden mit den Samtblättern, die früher in ihrer Straße standen. Den Duft, der auch die Maikäfer der Kindheit anlockte. Sumsemann und seine braunen Kumpel mit ihren schnurrenden schwarzen Propeller-Fühlern waren jeden Sommer im Lindgrün zu finden. So zahlreich, dass Anna und die Nachbarskinder sie sammelten und den Hühnern zum Fraß hinwarfen.

Die 98-jährige rührte sich nicht. Aber sie trug das ganze Leben in ihrem Gesicht. Ihr Atem nun flach. Ganz dünn an die Oberfläche gehaucht. Ich stand da und überlegte, was ich wohl tun könnte. Wie fühlt sich das an, wenn man so verschwindet?

Ein Holzstuhl stand in der hinteren Ecke des Zimmers. Stahlrohrbeine auf glattem Linoleum. Er lud nicht zum Verweilen ein, aber ich hatte keine andere Wahl. Die Alte sagte gar nichts. War totenstill, fast leblos. Und dennoch zwang sie mich mit diesem beharrlichen Schweigen, den Stuhl leise heranzuziehen und mich zu ihr zu setzen. Ich spürte, wie alles um mich herum weiter wurde. Auch ich selbst. Konnte mich nun ganz auf Anna konzentrieren. Sie zum ersten Mal ohne Nebengeräusche, ablenkende Blicke und ohne jede Scheu anschauen.

Ich hätte ihr gerne noch was erzählt. Von meinem Spaziergang durch die Marienhölzung. Auf einem Waldweg war ich gestapft. Durch sulzigen pappigen Schnee, den der Förster mit seinem Unimog zu breiigen Rillen gepresst hatte. Von den Rehen, die ich auf frostigem abgemähtem Maisfeld stehen sah. Eine achtsame Gruppe lebendiger Statuen in diesigem Abendlicht. Von dem bereiften Gras, das in einem morschen Holzpfahl am Hafen wuchs. Bei allem Verfall hat es doch ausgesehen, als habe der Winter dem rotten Poller eine Frostperücke aufgesetzt.

Weil ich mich aber zu all dem nicht entschließen konnte, fing ich an zu singen. Zuerst sehr zaghaft. Leise. Dann sicherer werdend. Ich sah dabei aus dem schlierigen Fenster in einen grauen Abend. Nach einer Weile wurde meine Stimme kräftiger und ich guckte die Sterbende an. Mir fiel auch der Text der drei Strophen des alten Gutenachtliedes, das der Pfarrer Wilhelm Hey 1837 zu einer schon existierenden Volksweise dichtete, ganz problemlos wieder ein. Ich hatte es lange nicht mehr gesungen. Meine vier Söhne sind erwachsen und derartige Einschlafrituale am Gitterbettchen lange vorbei.

„Weißt du, wie viel Sternlein stehen
an dem blauen Himmelszelt?
Weißt du, wie viel Wolken gehen
weit hin über alle Welt?
Gott, der Herr, hat sie gezählet,
dass ihm auch nicht eines fehlet,
an der ganzen großen Zahl,
an der ganzen großen Zahl.

Weißt du, wie viel Mücklein spielen
in der heißen Sonnenglut?
Wie viel Fischlein auch sich kühlen
in der hellen Wasserflut?
Gott, der Herr, rief sie mit Namen,
dass sie all´ ins Leben kamen.
Dass sie nun so fröhlich sind,
dass sie nun so fröhlich sind.

Weißt du, wie viel Kindlein frühe
stehn aus ihren Bettlein auf,
dass sie ohne Sorg und Mühe
fröhlich sind im Tageslauf?
Gott im Himmel hat an allen
seine Lust, sein Wohlgefallen.
Kennt auch dich und hat dich lieb,
kennt auch dich und hat dich lieb."

Als ich die letzten Worte gesungen hatte, sah ich, dass Anna ihren Kopf ein wenig schief gelegt hatte. Die linke Hand war unter der Bettdecke hervorgekommen und lag nun neben ihrem stillen Faltengesicht. Ich hatte nichts gehört. Sie machte mir keine Angst und ich musste über nichts mehr nachdenken. Ruhig betrachtete ich sie ein letztes Mal. Hielt meine Hand dann vorsichtig vor ihren Mund. Sie atmete nicht mehr, aber sie schien noch im Zimmer zu sein.

Anna Hartwigsen ist bei einem Kinderlied aus dem evangelischen Gesangbuch friedlich gestorben. Sie muss es gekannt haben. Dieses „Weißt du, wie viel Sternlein stehen?"

Sie wusste es sicher genauso wenig wie ich. Aber meine Stimme und der vertraute Text haben Anna erreicht. Und sie haben getröstet. Auch mich.

Schlesisches Himmelreich

Das Buch meiner Kinderjahre über Berggeist Rübezahl, der mit knorrigem Stecken und eigentümlich abgerissener Kleidung auf Ledersandalen durch einen kargen Hochwald stapfte, hatte ich vor Augen, als ich an einem novembrigen Dienstag meine Besuche auf der onkologischen Station begann. Nicht, dass der alte Mann, zu dem ich ging, mich direkt an diese abenteuerliche Sagengestalt erinnert hätte. Doch gleich zu Beginn unserer Unterhaltung, auf die er gewartet zu haben schien, stellte sich heraus, dass der 83-jährige, der mit wirrem weißem Haar auf dem bleichgelben Klinikkissen zunächst kaum auffiel, eine gänzlich unvorhersehbare Verbindung zum Rübezahl hatte.

Hans Kammecke stammte aus dem Riesengebirge. Hatte seine Jugend mit fünf Geschwistern im schlesischen Hirschberg verbracht. Nicht weit vom Luftkurort Agnetendorf, wo Dichter Hauptmann in seiner Wiesenburg unter sternenbemalten Decken mit allerlei Extravaganzen lebte und Geschichten über das Leid der einfachen Leute verfasste. Die wurden berühmt. Von dort – aus Schlesien – war Kammecke. Wo reiche Fabrikanten die Weber ausbeuteten. Für ihren Aufstand sind sie in die Dichtung eingegangen. In den Theatern der Welt erzählen „Die Ratten", „Bahnwärter Thiel", „Rose Bernd" und „Fuhrmann Henschel" vom wahren Leben.

Ich hatte einige Fotos dabei, während einer Reise nach Polen in jene vergangenen Gegenden entstanden. Bilder von Hirschberg, dem heutigen Jelenia Gora. Von kleinen Schlösschen und vom Riesengebirge mit seinem dunklen Nadelwald. Und von dem Schild vor der Baude am Berg. Das mit grünem Tannenbaum auf zünftige Rast an gescheuerten Tischen

– auf gesellige Stunden unter Lüstern aus Hirschgeweihen – verwies. Das nochmal erinnern wollte. Wie auch das monumentale vergilbte Bild: Junge Leute mit Pudelmützen und Fellkappen, die den Gast ausgelassen willkommen heißen. Ski und Rodel im Hintergrund. Und natürlich jede Menge Schnee. Selbst im Mai muss man sich dort oben noch durch die kniehohe weiße Pracht – zu harschen Festungen gefroren – kämpfen.

So hatte ich die Schneekoppe (Sniezka) mit ihrem imposanten Skigebiet kennen gelernt. 1602 Meter über karger rauer Landschaft thronend. Hatte einen Berg gesehen, dessen Namen ich bis dahin nur als fröhlich schallenden Ausruf für Müsli und Fruchtschnitten aus der Werbung kannte. Allabendlich rief mir eine Vertrauen erweckende Stimme aus der Flimmerkiste meiner Kindheit gut gelaunt dieses Zauberwort zu. „Schneekoppe“! Die passte zu Naturgewalten, Bergwundern und Gipfelstürmern. Und eine 50-jährige historische Sesselbahn schaukelt von der Talstation gen Himmel.

Hans Kammecke sei sehr verwirrt, bereiteten die diensthabenden Schwestern mich auf eine schwierige Begegnung vor. Man wisse nicht so genau, ob es Alzheimer oder nur eine gewöhnliche Altersdemenz sei. Ich solle einfach mal bei ihm reinschauen. Das tat ich. Machte mir gar keine Vorstellung. Wollte sehen, wem ich begegnen würde. Ich war offen für alles Kommende, und Demenz-Patienten waren keine Seltenheit in der Klinik. So erstaunte es mich nicht, dass der Alte mir aus seinem Gitterbett freundlich entgegenblickte und zum Willkommen seine schwielige breite Hand ausstreckte.

„Tach auch", sagte Kammecke und stierte mich durchdringend an. Was sieht er gerade, schoss es mir durch den Kopf? Ich schien keine wirklich Fremde für ihn zu sein. „Schön, dass du endlich mal wieder vorbeikommst. Hab schon lange auf dich gewartet." Eine Überraschung. Denn ich war mir sicher, diesen Mann zum ersten Mal zu treffen. „Ich konnte nicht eher", erklärte ich ihm. In besonderer Doppeldeutigkeit der Wahrheit entsprechend. Die Jungs seien spät aus der Schule gekommen und ich hätte noch gemeinsam mit ihnen Erbsensuppe gegessen, bevor ich ins Hospital gefahren sei.

Der Patient nahm meine Erläuterungen verständig auf. Sah mich weiter genau an, als ob er mich schon lange kenne. Für einen Moment fühlte ich Unsicherheit, die sich bei mir einnisten wollte. Nein, ich kannte Hans Kammecke wirklich nicht. Hatte ihn noch nie zuvor gesehen oder gesprochen. Was konnte es also sein? Mit wem hatte ich Ähnlichkeit? An wen erinnerte ich ihn?

Er machte mir schnell klar, dass ich seine älteste Tochter sei. Deren Namen spielte keine Rolle, und ich sagte den meinen auch nicht zum zweiten Mal. Ließ den Weißhaarigen in seinem Glauben. Darauf vertrauend, dass es nicht die schlechteste Erinnerung sein würde.

Der alte Mann erzählte von früher. Zunächst ohne Zusammenhang. Mit langen Pausen. Als müsse er eine Gardine zur Seite schieben, um aus dem Fenster schauen zu können. Wie ein dünner Gazeschleier schien etwas vor seinen Gedanken zu hängen, das ihn daran hinderte, klar zu sehen. Er blickte zurück. Weit. Sah Menschen, die gar nicht mehr da waren.

Der 83-jährige streifte durch die Vergangenheit. Ließ seine Jugendzeit auferstehen. Schwelgte in kleinen Freuden. Sie sind ihm so einprägsam gewesen, dass er sie detailgetreu abrufen konnte.

Dement war er. Aber in seinem Kopf gab es Erlebnisse, die unauslöschbar schienen. Die kramte er hervor. Ließ mich daran teilhaben. Um sie selbst ein letztes Mal zu spüren. Von Bergtouren mit Kameraden sprach Kammecke. Vom Aufstieg mit Fellen in tiefem Neuschnee zum Gipfelkreuz. Von Schneebällen - in offene Fenster geworfen. Und von den Stiefeln des Bruders, die zu groß waren. Er träumte von jener Hängematte im Hirschberger Garten. Die spannte sich vom Quittenbaum über Stachelbeerbüsche hinweg zum Pflaumenbaum. Auch an die winterlichen Eisvergnügen mit Mädels auf Kufen erinnerte der Greis sich. Sah wirbelnde Zöpfe. Geriet ins Schwärmen …

Oft hatte ich dienstags etwas bei mir, um es zu verschenken. Nach einer missglückten Erfahrung mit Keksen im vorigen Advent - kaum jemand auf der Krebs-Station hat Interesse an Essbarem - waren es Steine von besonderem Glanz oder ungewöhnlicher Farbe. Auch Postkarten mit Engelmotiven oder einer stillen Landschaft unterbrachen den Alltag. Große Beachtung fanden fremde Muscheln, die ich in den Ferien am Strand sammelte. Diese kleinen Lebenszeichen - Grüße von der Draußen-Welt, die noch verlässlich lebendig war - hatten enorme Bedeutung. Ich sah sie wochenlang auf den Nachttischen liegen. Nicht selten wurden sie Begleiter. Manchmal zu einem Glücksbringer, der mit nach Hause reiste. Oder wenigstens mit ins Hospiz.

An dem Tag, an dem ich Hans Kammecke kennen lernte, trug ich also jene Fotografien von der Reise nach Hirschberg in einer hölzernen Zigarrenkiste mit mir herum. Charakteristische Bilder. Eine nebelverhangene Schneekoppe, der Wald und jene Baude waren darunter. Kammecke begann zu den Aufnahmen zu erzählen. Er sprach von der Heimat. Die verloren ging im Krieg. Und später auch in seinem Kopf. Nun war sie wieder da.

Wir tauschten Eindrücke und Erlebnisse aus wie Gleichgesinnte. Redeten über dieselben Dinge, obwohl so viele Jahre zwischen uns lagen. Ich sein Schlesien von damals gar nicht kannte. Es waren Stichworte, die seinen Geist wach machten. Ihn aufmerken ließen. Die Demenz in den Schatten stellten.

Ich mochte seine Stimme. Weil sein Mund sich bewegte, wenn er redete. Und ich mochte, wie Kammecke - im Glauben ich sei seine Tochter - selbstverständlich davon ausging, dass ich alles verstünde. Alles zuordnen und nachvollziehen könne. Ich war innerhalb einer Stunde Teil seiner Erinnerung geworden. Teilte mit ihm Altes, das beim Betrachten der farbigen Bilder auferstand.

Im Laufe der nächsten Wochen lernte ich die wirkliche Tochter kennen. Sie war die Jüngste von drei Mädchen. Auch seiner Frau begegnete ich auf dem langen Linoleum-Flur. Wo sie wartete, wenn ein Doktor nach dem Patienten sah. Unscheinbar und verängstigt schien sie sich durch die Wand davonmachen zu wollen. Überfordert mit der Situation, dass ihr Mann, der sie meist mit jemandem verwechselte, nun auch noch am Krebs sterben sollte. Das hatten die Ärzte gesagt. Hatten der 75-jährigen in schmalen

Worten erläutert, womit sie demnächst zu rechnen habe. Worauf sie sich einstellen müsse. Es war zu viel. Selbst ihre Tochter hatte die Informationen nicht einordnen können. Und so kamen die beiden einfach drei- oder viermal in der Woche mit dem Bus angefahren, um Vater Hans zu besuchen. Saßen am Tisch in seinem Zimmer. Wo er sie nur mit Mühe sehen konnte.

Mutter und Tochter unterhielten sich dort miteinander. Tauschten Neuigkeiten aus. Klatschten über Unerhörtes aus der Nachbarschaft. Holten sich auch mal einen Kaffee aus dem Drück-Spender vom Stationsflur.

Hans Kammecke war nun schon einige Tage nicht mehr ansprechbar. Aber er wird die Stimmen wahrgenommen, sich aufgehoben und nicht verlassen gefühlt haben. Bewegungslos lag der Kranke im Bett. Schwerer atmend. Ein greises Gesicht, fahl – fast gelblich. Der Ausdruck, der trotz Verwirrtheit in seiner Mimik spielte, war gewichen. Das Kinn jetzt spitz und fremd. Hände mit dunklen Flecken. Der Alte war weit weg. Würde bald sterben.

Erneut traf ich seine Familie. Unsicher pendelten Frau und Tochter vom Zimmer zum Flur – und wieder zurück. Tranken Wasser, blätterten in der mitgebrachten Illustrierten. Wenn sie nicht redeten, hörte ich nur dieses Rascheln, das den Raum füllte, wenn eine Seite umgeschlagen wurde. Sehr laut schien es mir. Fremd. Die beiden Frauen wussten nicht, wie sie der Situation begegnen sollten. Schienen wenig erregt. Merkwürdig gelassen ließen sie alles geschehen. Ihre Angst war offenbar verschwunden. Sie ordneten ihr Leben neu. Fügten die Eindrücke in den Alltag.

Bis zum Abend dieses Winterdienstags schaute ich immer wieder nach dem Patienten. Signalisierte seinen Angehörigen, dass ich da sei und sie mich rufen könnten. Sie brauchten mich jedoch nicht. Bevor ich aber die Klinik verließ, ging ich ein letztes Mal zu ihnen. Wollte mich verabschieden. Ahnte, dass ich den Schlesier nicht mehr sehen würde. Die Zimmertür hatte schon den ganzen Nachmittag einen schmalen Spalt offen gestanden. Nach meinem fast geräuschlosen Eintreten wendete Frau Kammecke sich mir sofort zu. „Wir haben solchen Hunger“, klagte sie. „Können wir nicht ein paar Brote kriegen?“ Ich war platt. Fasste mich jedoch schnell und versprach, nach etwas Essbarem in der Stationsküche zu suchen.

Butter fand ich. Schwarzbrot gab es. Leberwurst lag in kleine runde Döschen verschweißt ebenfalls im Kühlschrank. Teller, Besteck und etwas Küchenkrepp in Ermangelung von Servietten waren schnell gegriffen. Brot und Butter legte ich dazu, um schließlich mehrere Päckchen Leberwurst in der Tellermitte zu stapeln. Das alles brachte ich Mutter und Tochter. Sofort deckten sie den Tisch im Sterbezimmer. Setzten sich zufrieden einander gegenüber auf die beiden Stühle und begannen, sich Brote zuzuschieben.

Reichlich Butter wurde aufgetragen. Mit regelmäßigem Schwung glitten die Messer durch die gelbe Masse. Das silberne Stanniolpapier fein säuberlich gefaltet am Tellerrand. Grobe Leberwurst kam über die Butter. Fingerdick. Deckte sie komplett zu. Genussvoll bissen die Frauen in ihre Schnitten. Alles aßen sie auf. Bis zum letzten Krümel. Fremd war mir das. Völlig unerwartet. Doch auch irgendwie irdisch. Tröstlich, in so schwerer Situation etwas zu essen zu haben.

Hans Kammecke starb wenige Stunden später. Die Schwestern fanden ihn bei ihrem Routine-Rundgang während der Übergabe vor dem Nachtdienst. Nach einem tiefen Seufzer hatte er aufgehört zu atmen. Sein Gesicht war entspannt. Um den Mund ein Lächeln. Er war angekommen.

Frau und Tochter waren längst schon mit dem Bus nach Hause gefahren. Aber das Zimmer roch noch immer nach den üppigen Leberwurst-Broten. Es war dieser Geruch nach Thymian, der den Alten bis zu seinem Tod umwehte. Den kannte er von früher. Der war vertraut. Von damals. Von zu Hause. Wo die Mutter manchmal auch Schlesisches Himmelreich kochte. Und wo man keine Angst mehr haben musste.

Das Jettchen im Schnee

Büschelweise lag ihr kastanienrotes Haar auf dem Kissen, als ich sie zum ersten Mal sah. Das war an einem Dienstag im Advent, und ich öffnete die Tür zu ihrem Zimmer, nachdem ich geklopft hatte. Sehr leise, um sie nicht im Schlaf zu stören. Elsa Lackner, die aus Stampelken in der Nähe von Königsberg stammte und nach dem Krieg, der ihr ganzes Leben durcheinander gewirbelt hatte, als junge Flüchtlingsfrau in die Stadt kam, lag in ihrem Bett. Nein, es war gar nicht ihr Bett. Es war ein Bett im Hospital. Und wir trafen uns auf der Krebsstation.

Sie sieht nicht gut aus, dachte ich. Möchte sie vielleicht so nicht gesehen werden? In ihrer Krankheit, die sie langsam veränderte und zur Bedrohung geworden war. Vielleicht will sie lieber dahinschwinden – mit ihrem blassen Gesicht, aus dem alle Farbe gewichen war? Selbst die Altersflecken waren fort. Ebenmäßig zeitlose Züge im Angesicht des Todes. Geschwollene Hände und Füße hatte sie. Wog noch 45 kg und erinnerte mich an ein Vogeljunges, das die nackten Flügel hängen lässt, weil es schon den schweren Kopf nicht halten kann.

Ich schaute um die Ecke. Da hob sie ihre Hand zum Gruß. Elsa Lackner winkte mir zu. Freundlich und offen für eine Begegnung. Und ich trat näher. Hörte ihren Atem. Angestrengt schnappte sie nach Luft. Machte kurze Pausen. Probierte es mit tieferen Zügen. Dann entschied sich die Patientin wieder für den Sauerstoff aus dem schmalen durchsichtigen Gummischlauch, der in Reichnähe über ihrem Kopf baumelte. Elsa entspannte sich und verriet mir, nachdem ich mich vorgestellt hatte, ihren Namen. Und ich hörte schon nach den ersten Sätzen, dass sie aus

Ostpreußen war. Obwohl sie mir erzählte, dass sie in Flensburg wohne.

Aber es passte dennoch alles zusammen. Dass Frau Lackner eben Lackner hieß und nicht Petersen, Detleffsen, Sönnichsen oder Ingwersen. Dass sie von Insterburg, Gumbinnen und der Rominter Heide sprach. Dass sie von den kleinen Marjellchens, den Jacketts der Jungens und vom Klunkermusschen sprudelte. Dass sie schwärmte. Von Königsberger Marzipan und Danziger Goldwasser.

Und schließlich in ihre Kindheit zurückreiste, in der es in langen Wintern die Fahrten mit dem Klingerschlittchen gab. Durch kristallblaue Eisbilder. Stiemender, leichter Schnee unter den Hufen der glockengeschmückten Pferde. Warm in eine Decke gekuschelt. Über ihr das Himmelszelt mit angeknipsten Sternen. Am Mantel die Kapuze mit Pelzchen. Und Elsas Hände steckten im Muff, der aus blauschwarzem seidigem Maulwurffell war. An einer gedrehten Kordel hing er um ihren Hals. Die Kufen des Schlittchens rasten schneidend durch die klirrende Kälte. Vorn beim Kutscher sah das Mädchen die beiden Laternen brennen, und zu Hause wartete Omchen schon auf sie.

Ostpreußen, das in der Erinnerung der 89-jährigen auferstand mit endlosen Weizenfeldern, Entengrütze auf dem Tümpel des Vorwerks und Radtouren zum Baden im großen masurischen See. Doch, es passte alles.

Weil ich wusste, dass die vom Krieg verschonte Stadt an der Förde – diese heile Stadt wie aus einem Bilderbuch – nach 1945 ihre Einwohnerzahl verdoppelt hatte. Millionen waren geflohen, vertrieben aus Pommern, Schlesien, Ostpreußen und dem Baltikum.

Tausende treckten gen Westen. Im Norden, kurz vor der dänischen Grenze, wurden sie angespült. Krabbelten an Land wie Ertrinkende. Mit letzter Kraft. Ihre paar Habseligkeiten hinter sich herziehend. Töpfe am Leiterwagen festgezurrt. Sämtliche Kleidung am Leib übereinander tragend. Ein Wertstück oder zwei – eingenäht in Rocksaum und Mantelgürtel. Nur die kleinen Kinder saßen mit ihrer Puppe im Arm auf einem Thron. Es war ein Thron der Armseligkeit, der Demütigung und Trauer. Gestrauchelte waren sie. Alle. Verlorene. Fremde. Die für lange auch hier nicht dazugehören sollten.

Sie strandeten in Flensburg, das sie mit Ostseewellen, weißem Sand, Buchenwäldern und flachem Land an alles das erinnerte, was sie verloren hatten. Selbst gefrorene Seen mit glatter gläserner Haut zum Schlittschuhlaufen gab es. Schwarze Krähen flogen darüber hinweg, und Danzig, Insterburg und Nidden lagen eigentlich nur um die Ecke. Es entstand damals in Flensburg eine Siedlung, die „Klein Königsberg" hieß.

Elsas Lachen klang wie sie selbst. Klar, einfach - und es traf mich mitten ins Herz. Wie sie sich freuen konnte, trotz der ausfallenden Haare. Ich nahm ein Häufchen vom Kopfkissen und ließ es in den Abfalleimer fallen. Kastanienrote Flocken wie von einer wilden ungestümen Fee. Weich und seidig. Nun lagen sie da, in einer Plastiktüte, die spätestens morgen weggeworfen würde. Eigentlich gehörten sie auf den Kopf der alten Frau. Aber der wird nun schnell kahl werden. Die Kranke hat bald kein kastanienrotes Haar mehr. Nur der nackte Schädel bleibt. Groß und weiß. Wie ein Vollmond am nachtblauen Himmel. Ganz blank. Ob sie wenigstens diesen Moment hassen würde? Die Gedanken schnitten durch mein Hirn. Wie Glas so spitz. Scharf wie ein Messer.

Ich hatte ein kleines Holzengelchen mitgebracht. So kurz vor Weihnachten. Das angelte ich jetzt aus meiner Hosentasche, um es der ostpreußischen Flensburgerin zu geben. Der Himmelsbote trug ein weißes Kleid mit Sternengesprenkel. Seine runden angeklebten Flügel waren aus silbernem Metall. Grüne Augen blitzten schelmisch unter einer Eichhörnchen-roten Wollfrisur hervor.

„Danke", sagte Elsa Lackner. „Setzen Sie sich doch einen Moment zu mir." Ohne den Engel nur eine Sekunde aus den Augen zu lassen. Sie ließ ihn auch nicht mehr los. Es war jetzt ihrer, und niemals würde sie ihn wieder hergeben.

Aber sie fing zu erzählen an. Von ihrer Familie. Dem Mann, der bei der Reichsbahn beschäftigt und nun schon so lange tot war. Von ihren Eltern, die im Kreis Wehlau ein kleines Häuschen hatten. In deren Garten Erbsen und Gurken wuchsen. An der Giebelseite des Gebäudes standen zwei Birnbäume Spalier. Phlox, Rittersporn, Ringelblumen, Pfingstrosen, Eisenhut, Lilien, Jasmin und Mombrezien mischten sich zu einem Blütenmeer. Einem Paradies in Elsas Erinnerung.

Wieder schaute sie den geflügelten Boten aus Holz an. Strich ihm vorsichtig über die roten Haare. Ihre große Hand tat das. Mit einer Zartheit, die ich kaum für möglich gehalten hätte. Elsa musterte mich und flüsterte: „So sah sie aus, meine Tochter. Solche Haare hatte sie."

Von Kindern war bisher noch nicht die Rede gewesen. Aber es hatte offenbar ein kleines Mädchen gegeben. Einen Teil von Elsa Lackner, der mit ihrem Ostpreußen im Krieg zerbombt, verbrannt, erfroren und untergegangen ist?

„Genauso hat Jettchen geguckt. Sie war drei Wochen alt, als wir mit dem hölzernen Bollerwagen und unseren nötigsten Sachen los sind. Es war im Februar 1945. Alles unter Zentnern Schnee. Ich bin mit den Kindern auf den Treck. Manchmal kriegten wir bei Bauern Unterschlupf in einer Scheune und auch ein bisschen Milch. Aber das reichte nicht."

Endlich hatte es aufgehört zu schneien. Tannenzweige bricht Elsa ab und breitet ihre einzige Decke darauf aus. Auf die Decke, dicht aneinander legt sie die Kinder.

Klarer Sternenhimmel. Frost. In der Ferne das Grollen der Front, nicht weit entfernt Hundegebell. Alle Flüchtlinge verhalten sich ganz ruhig. Nur das Schreien und Wimmern der Säuglinge, die ohne Milch sind, schneidet ins Herz. Anfangs habe auch ihre Tochter noch vor Hunger geschrien. Später sei nur noch ein zartes Maunzen übrig geblieben.

„Doch auch diese Nacht hat Gott uns geholfen zu überstehen. Nur war es am Morgen sehr schwierig, den Kindern die total gefrorenen Schuhe auszuziehen. Ich merkte, dass die Kleinen schon recht schwach geworden waren. Wie lange sollten wir wohl diesen Elendsmarsch noch durchhalten?" Die Alte hat Bilder vor ihren Augen, die ich mir kaum vorstellen kann. Alles ist wieder aufgewacht. Und ich stehe an ihrem Bett und versuche zu spüren, was Elsa empfindet. Noch einmal.

Nach ein paar Tagen wird Jettchen ganz still, und ihre grünen Augen immer größer. Kalt sei es gewesen. „So furchtbar kalt. Ich konnte sie nicht wärmen."

Es ist bald Ostern. Sie wollen wieder nach Hause. Ihr Zuhause? Nur schnell über die Weichsel, aber die Brücke ist gesprengt. So bleibt ihnen nichts weiter übrig als einen Umweg von 60 Kilometern zu machen. „Bis über die Knie versank ich im Schlamm, als ich meine drei Kinder an Land trug. Gerettet", denkt Elsa Lackner.

Später geht sie mit ihnen die Straße entlang. Es ist immer dasselbe Bild: Gepäck auf Handwagen, auf Kinderwagen. Pferdefuhrwerke sieht man nur noch ganz selten. Eine richtige Wüste. Keine Kuh. Kein Pferd, kein Schwein. Kein Huhn. Keine Taube und kein Kaninchen. Leere Bienenstöcke. Öde. Verlassene und zerschossene Dörfer. An manchen Tagen gehen sie zehn bis zwanzig Kilometer, ohne ein menschliches Wesen zu treffen. Hin und wieder streicht eine verwilderte Katze über den Weg. „Mir war oft himmelangst" vertraut mir die 89-jährige ihre Gefühle von damals an.

Wie eine Puppe hat sie nach Tagen schließlich das tote Jettchen gehalten. Ganz fest, denn sie war das Wichtigste, was Elsa besaß. Und so lange, bis ihr eine Andere das Kind aus den Armen genommen und Elsa in den ihren geborgen hielt. „Sie haben mein Jettchen neben der Straße in den Schnee am Feldrand gelegt", gedachte die Kranke ihrer kleinen Tochter. „Keiner konnte ein Grab schaufeln, weil der Boden zu Stein gefroren war."

Ihre helle gestrickte Mütze mit dem Lochmuster war zu einem Eishäubchen geworden. Schneekristalle klammerten sich in die Maschen. Machten aus dem Jäckchen des Säuglings einen steifen Panzer. Aus der braunen Wolldecke einen Sarg. Darin das weiße Jettchen. Elsas Engelkind mit Schneeflocken auf den

Augenlidern. „Und solche Haare hat sie gehabt, das vergesse ich nie“, endete die Erinnerung der Patientin.

Sie sah mich durchdringend an. Gab mir ihre große schwere Arbeitshand und sagte: „ Danke, dass Sie mir mein Kind wiedergebracht haben. Ich glaube, nun wird bald alles gut. Denn jetzt sind die Sterne endlich keine Löcher mehr im Himmel. Ich danke Ihnen sehr.“

Elsa Lackner winkte mir nach, als ich das Zimmer verließ. Aus dem Willkommensgruß von vorhin war ein Abschied geworden. Das wussten wir beide ganz genau.

Und es war gut so.

Zimmer 10Null8

Zimmer 10Null8. An einem schwülen Augustnachmittag. Es wird ein Gewitter geben. Ganz gewiss. Die Luft steht. Ich habe es schon gemerkt, als ich aus dem Auto stieg, um den kurzen Weg vom Einkaufsmarkt über den Zebrastreifen ins Malteser Krankenhaus zu gehen.

Zimmer 10Null8. Ich bin informiert, wen ich antreffen werde. Auf der Tafel im Schwesternzimmer lese ich das ab. Fast immer ist jemand dort, den ich nach Einzelheiten fragen kann. Manchmal ein Arzt, der Formulare vollschreibt. Die meisten scheinen froh zu sein, wenn ich sie nicht anspreche. Aber viele Schwestern sind ernsthaft daran interessiert, mich dahin zu schicken, wo es nach ihrem Empfinden am Nötigsten ist. Sie machen sich Gedanken und versuchen, das Beste aus Hektik, Betriebsroutine und Menschenleid zu machen. Immer wieder fällt mir auf, wie sehr sie sich noch immer berühren lassen. Von dem, was ihr Alltag ist – was sie sehen.

Zimmer 10Null8. Heute muss ich allein zurechtkommen. Beginne meinen Dienst, ohne aktuelle Einzelheiten über die Patienten zu wissen, auf die ich gleich treffen werde.

Frau Thams im vorderen Bett kenne ich schon seit etwa vier Wochen. Auch heute wird sie ihre weiße Häkelmütze auf dem kahlen Schädel tragen und mit ihren Händen fahrig über den Bettbezug streichen. So wie immer, wenn sie meint, etwas zu ihrer Krankheit sagen zu müssen. Erst wenn ich den Stuhl heran- geschoben und mich gesetzt habe, wird sie ruhiger. Ihre Augen sausen wachsam ängstlich unter den dünnen Brauen hin und her. Sie traut dem Frieden nicht. Und mir schon gar nicht. Denn ich bin gesund, kann meine Sommerbräune nicht verleugnen und passe deshalb nicht in das Schema der Gleichgesinnten. Frau Thams kämpft gegen die tödliche Diagnose. Gegen das Alleinsein. Gegen ihre Angst. Gegen den bevorstehenden Abschied. Und spricht Belangloses, obwohl sie lieber still wäre.

Zimmer 10Null8. Frau Kubiniak, die mit ihren Kindern von Kasachstan nach Kappeln auswanderte, wartet bestimmt schon. So viel freundliche Dankbarkeit und Herzenswärme ist nicht die Regel. In schroffeckigem Deutsch hat sie mir oft aus ihrem Leben erzählt. Den Mann, der so viel älter war, vermisst sie. Ihre Kinder sind bemüht und lieb. Aber man will doch auch nicht zur Last fallen. Ja, in Kappeln ist es schön. Ein kleines Zimmer halt. Aber es gibt nichts zu klagen.

Die Enkel sind das Wichtigste. Wenn die mit dem Sohn zu Besuch kommen, weint Frau Kubiniak. Vorher hat sie alle Schmerzen ausgehalten, alle Untersuchungen über sich ergehen lassen. Die Kinder bringen eine Zukunft ins Zimmer. Und sie weiß doch gar nicht, ob sie an der überhaupt noch teilnehmen kann. Man wird sehen. Muss abwarten. Was der liebe Gott dazu sagt. Aber es sei schön, dass ich komme. Und den Stein, den ich ihr vorige Woche geschenkt habe, hat sie zwischen die Fotos der Enkelchen auf den Nachttisch gelegt.

Frau Kubiniak klopft auf das Laken, das ihre Matratze umspannt und nötigt mich, ganz nah bei ihr Platz zu nehmen. Sie weiß, dass es so eine größere Vertrautheit gibt. Und ich weiß das auch. Wir kennen uns schon lange. Trotz mehrfacher Entlassungen ist die 60-jährige immer wieder auf der Station.

Ich möchte nicht auf sie warten, kann aber in ihrer Abwesenheit nicht verhindern, an sie zu denken. Es gibt diese Regelmäßigkeit, nach der man die Uhr nicht stellen kann. Und es gibt eine Vertrautheit, die es zulässt, dass ich mich bei dieser Frau aus Kappeln-Kasachstan auf die Bettkante setze.

Den Abstand verkleinere. Frau Kubiniak hat viele Türen geöffnet und ich trete durch die eine oder andere. Sie lädt mich ein, an ihrer Vergangenheit und ihrem jetzigen Leben teilzunehmen. Auch ihre Sorgen und Nöte verbirgt sie nicht. Trägt die zwar nicht vor sich her. Das war sie nicht gewohnt – in Kasachstan. Aber es gibt mehr und mehr Momente, in denen diese freundliche Frau von sich spricht.

Zimmer 10Null8. An einem Dienstag im August. Die Hitze steht im Gebäude. Nach dem Anklopfen öffne ich langsam die Tür. Ein Schwall abgestandener Luft prallt mir entgegen. Ich zögere für Sekundenbruchteile – trete ein und schließe die Tür leise hinter mir. Das dritte Bett ist belegt. Bisher war es unter dieser schützenden Plastikfolie. Irgendwie sah das immer toter aus als alle Patienten.

Laut Plan im Schwesternzimmer ist es Frau Domscheidt aus Husum, die den Fensterplatz ergattert hat. Wenn sie sich an den kleinen Plastiktisch im Erker setzte, würde sie über die Dächer der Nordstadt auf Hafen, Werft und Förde gucken. Eine Weite, die die Enge des Raumes aufreißt und teilnehmen lässt am Leben draußen. Zumal man von hier aus die kommenden Besucher auf dem Plattenweg unter den Glyzinien berankten Holzbögen beobachten könnte.

Frau Domscheidt ist korpulent und gut frisiert. Das fällt auf der onkologischen Station, wo viele wirres kurzes Haar haben, Mützen oder Kopftücher tragen und Perücken zur Tagesordnung gehören wie die Zahnbürste, sofort ins Auge. Die 73-Jährige hat gepflegte Hände und trägt ein schönes pinkes Poloshirt. Sie passt hier nicht hin. Das zeigt sie, indem sie sich hinter einer dieser bunten Zeitschriften verbirgt. Viele haben hier überhaupt nicht die Kraft, etwas zu lesen. Selbst für die bunten Bilder reicht es oft nicht. Frau Domscheidt will nicht zu denen gehören. Ich kann sie gut verstehen. Vor einer Woche hatte sie Bronchitis. Nun soll es Lungenkrebs sein. Das ist nicht möglich. Noch nicht mal verständlich. Für die gepflegte Frau von der Westküste überhaupt nicht akzeptabel. Sie spannt die Illustrierte mit den Geschichten über Königskinder, Horoskope, Kochrezepte, Herbstbasteleien und prominente Filmsternchen quer über ihr Gesicht. Ein Zeichen.

Ich begrüße Frau Thams und Frau Kubiniak, die sich zu freuen scheinen. Dass jemand vorbei kommt, der nicht dauernd auf seine Uhr sieht. Der sich auf ihr Gesprächsgeplänkel einlässt. Frau Domscheidt antwortet auch auf meinen Gruß nicht. Sie will hier nicht sein. Gewiss wird sich alles aufklären und als Irrtum herausstellen. Ihr Sohn wird das in den nächsten Tagen für sie regeln. Ich bleibe kurz am Fußende ihres Bettes stehen und frage, ob ich etwas für sie tun kann. Dass sie natürlich auch das ablehnt, sehe ich an der zitternden Zeitschrift. Sie ist gerade aus ihrem Leben gestürzt. Im freien Fall und ohne Sprungtuch.

Zimmer 10Null8. Nach einer halben Stunde verabschiede ich mich mit dem Versprechen, am nächsten Dienstag wieder zu kommen. Frau Thams bittet mich, noch schnell vom Supermarkt gegenüber einen Vanillejoghurt und Lakritzkonfekt zu besorgen. Ich freue mich, ihr einen Gefallen tun und Luft schnappen zu können.

Draußen herrscht Treiben. Verkehr. Mütter kaufen ihren Kindern Fritten. Die Frau im Sommerkleid sucht sich den üppigsten Asterntopf aus. Eine 15-Jährige schleppt ihre Tüte mit Leergut, um sich vom Rückgeld ein Eis zu kaufen. Der hagere Mann wühlt in den Säcken abgepackter Grillkohle.

Draußen ist alles wie immer. Ohne Störungen. So, wie es sein soll. Diese blöde Normalität tut mir für Minuten gut. Weiß ich doch, dass sie zwar echt ist - aber brüchig kann sie sein. Alles steht nebeneinander. So wie neben Frau Thams und Frau Kubiniak jetzt eben Frau Domscheidt im Bett liegt. Und wartet. Auf Heilung. Wenigstens Besserung. Auf jeden Fall auf Hoffnung.

Durch das Foyer, die geraden Gänge entlang - den Fahrstuhl benutzend - trete ich den Rückweg auf die Station an. Den Becher Vanillejoghurt in der einen, die Lakritze in meiner anderen Hand. Zurück in den Ausnahmezustand. Oder ist das vielleicht die Normalität?

Zimmer 10Null8. Mein Klopfen scheint bereits erwartet zu werden, denn das „Herein" kommt prompt. Ohne Zeitverzögerung und Überlegung. Ich hab die Klinke auch schon in der Hand. Frau Thams freut sich wie eine Schneekönigin über den Joghurt. Sie strahlt. Ich wasche ihr den Teelöffel, der noch vom Mittagessen auf dem Nachttisch klebt, unter frischem Wasser ab. Sie zittert. Kriegt den Deckel aus Stanniol nicht abgepuhlt. Nachdem ich ihn abgerissen habe, macht sie sich voll Heißhunger über die kühle Erfrischung her. Vier, fünf - sechs Löffel.

Dann schafft sie es gerade noch, den Plastikbecher abzustellen. Sie muss sich übergeben. Als alles vorbei ist, schaut sie mich schuldbewusst an. Die Chemotherapie fordert ihren Tribut. Frau Thams schiebt den Joghurt bis an den äußersten Rand der Resopalfläche. Weit aus ihrem Blickfeld. Ermattet sinkt sie in ihr Kissen. Fahl und angestrengt im Gesicht. Schließt die Augen und liegt ganz still. Ich glaube, sie hat keine Kraft mehr, sich zu bewegen oder auch nur zu sprechen. Vorsichtig drücke ich ihre Hand und sage ihr, dass ich später wieder nach ihr sehen werde. Das Haus nicht verlasse, ohne nochmal vorbei zu kommen. Die zierliche Patientin, die im blauen Jogging auf dem Bett liegt, erwidert meinen Händedruck. Sie scheint einverstanden. Sie will unter die Decke, weil es plötzlich so kalt ist. Lass mich jetzt in Ruhe. Aber komm wieder, heißt das wohl.

Zimmer 10Null8. Frau Domscheidt hat alles beobachtet. Ich sollte es nicht merken. Aber sie wollte hören und sehen. Wollte erleben, wer da Besuchsdienst macht. Taxierte mich auf scheinbar unauffällige Weise.

Frau Domscheidt verbarg sich noch einige Nachmittage hinter ihrer Illustrierten. Hinter Glanz und Gloria. Die Stories - Schauspieler- und Tierdramen, Modetipps und Lebensbeichten - bauten ihr den Schutzwall, den sie dringend brauchte. Tragisches aus den Königshäusern, Dramatisches aus Adelskreisen waren ihr Schild gegen alle realen Anfechtungen und Bedrängnisse. Die eigenwillige Frau spannte die bunte Zeitschrift über ihr Gesicht und verschwand als Person. Nein, sie wollte nicht angesprochen werden.

Zimmer 10Null8. Wieder ein Dienstag. Frau Thams ist nicht mehr da. Erst will ich denken, sie sei nur verlegt. Aber Frau Thams ist tot. Plötzlich fehlt mir ihre weiße Häkelmütze. Sehr. Der Patientin sei es am Wochenende viel schlechter gegangen. Schwester Maren habe an ihrem Bett gesessen. Nein, sie sei nicht allein gestorben, höre ich. Angehörige habe sie ja keine. Alles sei recht schnell gegangen. Sie ist weg. Wo?

Wieder ein freies Bett. Unter Folie. Die alles steril und unpersönlich macht. Ich vermisse die weiße Häkelmütze. Und Frau Thams mit ihren fahrigen Bewegungen fehlt mir auch. Sie hat gegen das Ende gekämpft. Und jetzt haben wir uns nicht mal verabschieden können. Ich bin wütend. Gehe ins Schwesternzimmer, um einen Kaffee zu trinken. Ein paar belanglose Worte zu wechseln. Erneut auf den Patientenplan zu schauen. Einfach weiter zu machen.

Zimmer 10Null8. Heute geht es Frau Kubiniak schlecht. Sie hatte ein gutes Verhältnis zu der Verstorbenen. Kann es noch nicht fassen, dass die nicht wiederkommt. Zwei so verschiedene Frauen mit sehr unterschiedlichen Lebenswegen hatten sich angenähert. Davon habe ich gar nichts bemerkt. Andere wohl auch nicht.

Frau Kubiniak hält lange meine Hand. Tränen laufen über ihre Wangen und stürzen ins geblümte Nachthemd. Ich streichle ihren Arm. Versuche, Ruhe zu bringen. „Das war Frau Thams, das muss bei Ihnen nicht auch so sein“ soll das heißen. Ich weiß nicht mehr, woran ich glauben soll. Die meisten Sachen gehen hier doch schief. Ich versuche, meinen eigenen Sturz zu verhindern. Dazu verlasse ich für einige Minuten das Zimmer. Laufe auf dem glänzenden Linoleum-Flur hin und her. Schaue aus dem Fenster.

Auf diese Förde. Stelle mich kurze Zeit auf dem Balkon neben die Raucher, die ihre Betten auf eine Zigarettenlänge verlassen haben.

Zimmer 10Null8. Frau Domscheidt hat ihren Kopf zum Fenster gedreht. Sie liest nicht. Hat kein Magazin über ihr Gesicht gebreitet. So sehe ich sie zum ersten Mal. Und sie begrüßt mich. Nicht mit Namen. Aber indem sie den Kopf langsam bewegt. Mir zuwendet. Frau Domscheidt schaut mich zum ersten Mal seit Wochen wirklich an. Wieder trägt sie ein schickes Polo – in lindgrün. Die Frisur sitzt, und auch ihre Hände sind sehr gepflegt. Mit hellrosa Nagellack. Makellos aufgetragen. Aber heute ist etwas anders als sonst.

Die Patientin hat ein Buch in der Hand. Ich sehe nur den Einband, der eine sportlich taffe junge Frau mit Jackett und Krawatte zeigt, die dieses große Pferdegesicht am Halfter hält. Ich erkenne die schlanke, fast männlich wirkende Gestalt sofort. Marion Gräfin Dönhoff vor ihrem Eltern-Schloss Friedrichstein nahe Quittainen in Ostpreußen. Mit kecker Mütze und nicht minder munterem Lachen im sonnengebräunten Gesicht. Das weiß ich. Weil mein Vater mir fast wöchentlich ausschnitt und zu lesen gab, was „die Dönhoff" in der „ZEIT" schrieb. Damit ich mich im Stil schulen möge.

Frau Domscheidt sagt etwas. Plötzlich. Sie erzählt mir, dass sie aus Ostpreußen stammt. Ihre Tochter habe ihr das Buch mitgebracht. Es erinnere sie. Frau Domscheidt sagt nicht, woran.

Ich versuche, nur zuzuhören. Bewege mich. Auf das Bett zu. Stehe vor der Patientin. Die nicht krank sein will, und greife mit meiner linken Hand nach der

Lehne. Am Fußende positioniere ich den Stuhl – setze mich. Vorsichtig. Sehe diese Frau Domscheidt an. Warte. Ich werde auf sie warten. Das beschließe ich in diesem Moment. Frau Domscheidt dreht den Kopf wieder zum Fenster. Als ob die Nähe sie überfordern würde. Es dauert. Sie braucht noch Zeit.

Mit großen wässrig grünen Augen sucht sie. Mich. „Wissen Sie, ich kenne das Buch. Hab` es schon viermal gelesen" verrät sie. Ich strecke meine Hand nach ihr aus. Sie lässt es geschehen. Wir halten einander an den Händen. Und wissen beide, dass es nicht mehr ewig dauern wird.

„Das Pferd hieß Alarich und war ein Fuchs", sage ich in die gespannte Stille. Die Kranke wendet den Kopf zu mir. Fixiert mich lange. Sucht meine Augen. „Ja. Alarich. Der hat sie in den Westen getragen bei 20 Grad minus, meterhohen Schneewehen und spiegelglatten Straßen. Ich bin auch getreckt. Damals. Über Elbing, Preußisch Holland und Marienburg."

Dann kommt nichts mehr. Ich hoffte, in ein längeres Gespräch mit ihr eintauchen zu können. Aber Frau Domscheidt, die nach dem Krieg einen Fischer aus Dagebüll heiratete, verstummte. Sie hatte alles gesagt. Alles preisgegeben. Mir ihr Innerstes geöffnet. Alarich, das elegante stattliche Pferd der Komtess mit der weißen Blesse auf seiner Stirn hat auch uns den Weg gebahnt. Ein Gespräch möglich gemacht. Alarich hat Frau Domscheidts zweite Flucht auf seine Weise beendet.

„Wenn klein der Mut“

Es hat mich mal einer Fräulein Natürlich genannt. Ganz einfach so. Mir war das unheimlich und fremd. Irgendwie zu groß. Wir saßen dabei auf einer Bank im Wald. Sahen auf die Buschwindröschen, die ihre weißen Sterne entzündet hatten und hörten auf den kecken Kuckuck. Da soll man sich ja was wünschen.

Das tat ich nicht. Dafür scharrte ich mit den Füßen im staubig sandigen Waldboden. Schippte die Erde wie ein Bagger vor mir her. Immer wieder. Bis eine richtige Fahrrinne entstanden war. Ich war elf.

Fräulein Natürlich. Und dann auch noch ein Foto, das ich nicht wollte. Und das Tage später mit Zackenrand vor mir lag. Ich stopfte es in meine Heimlichkiste. Die stand dicht bei den Vogeleiern, Federn, weißen Karnickelschädeln, Hühnerfüßen und der Eulenkotze, die ich in meiner Sammlung hütete. Klar wusste ich, dass das Gewölle heißt. Aber ich versuchte auch, mir vorzustellen, wie der Kauz nachts vom Baum die Reste von Mäusekindern, Fell und Käfern erbricht.

Er und ich - also wir - warteten damals auf seinen Setter. Artus hieß der und hatte perfekt rotes irisches Haar. Ein wunderbares Gesicht. Das nichts als Treue verhieß. Und lange Beine. Das konnte schon mal dauern, bis der sich wieder blicken ließ.

Also schürfte ich mit den Füßen, bis der Köter endlich wieder aus dem Unterholz brach. Vor unsere Bank preschte. Sich an mich presste und Liebe wollte. Die Umarmung war mir selbstverständlich und ich fürchtete mich nicht vor seiner imposanten Größe. Die ruhig und warm war. In meinen Körper sank.

Der eine nannte mich Fräulein Natürlich, weil ihm das so eingefallen war. Von nun ab winters wie sommers. Im Frühling und Herbst ebenso. Ich sprach nicht viel. Damals. Aber ich kam in sein Elternhaus. Wo viele Geschwister waren. Und wo es immer Milch, Haferflocken und Käse gab. Den schnitt ich mir einfach ab. Mit einem Hobel. Denn der stand den ganzen Vormittag auf einem silbernen Tablett im Esszimmer.

Das Schlauchboot trugen wir im Sommer kopfüber zum Strand. Der war unter der knatschgelben Kante, auf der „Kontiki“ stand, schon zu sehen. Wippte immer mal vor meine Augen. Während ich mit den Armen über dem Kopf wie eine Afrikanerin in meinen Sandalen schritt.

Seine kleinste Schwester hatten wir oft mit. Sie war vier und lief brabbelnd neben uns her. Später habe ich gehört, dass sie in der Badewanne ertrunken ist. Weil das Au-Pair ans Telefon rannte, das nicht aufhören wollte zu klingeln. Beatrice hieß sie, die in der Wanne lag. Wir hatten sie immer Trice gerufen.

Fräulein Natürlich konnte auch die Paddel klar machen und den Staub des Winters mit Ostseewellen fortspülen. Fix ging das. Denn auch ich wollte zur See fahren.

Die Maus, die sich in der Gummifalte erschrak und mir entgegenstürzte, fing ich mit der Hand. Ein Griff war das. Wir waren beide erschrocken. Sie vielleicht panisch. Hatten mit dieser Begegnung nicht gerechnet. Sie biss mir in den Daumen. Mit aller verbliebenen Kraft. Wehrte sich gegen meine Umklammerung. Ich warf sie über Bord. Ins Wasser. Auf dem die „Kontiki“ sich nun entfaltete und den Wellen ergab. Ich schüttelte die Graupelzige einfach ab, sodass sie schwimmen musste. Um ihr Leben.

Fräulein Natürlich - dachte ich und kletterte ins Schlauchboot. Zuerst mit dem rechten Bein. Dann zog ich den Oberkörper hoch und ließ mich einfach reinplumpsen. Wir waren auf dem Meer. Und das Abenteuer begann.

Selbst im Winter legte ich den Namen nicht ab. Wir gingen – sobald Väterchen Frost den See im kahlen Buchenwald mit einer Haut überzogen und alles auf Minus gefroren hatte – zum Eistanz. Vorne, zwischen Binsen und dem Schilf mit seinen strammen Filzkolben, knarrte es. Knackte manchmal. Verheißungsvoll. Wisperte „Probier mich aus!" Lockte uns auf eiskalte Art und versprach doch nachmittägliches Vergnügen. Trotz des Frostes heiße Wangen. Atemlosigkeit und Nähe auf scharf geschliffenen Kufen.

Meine Schlittschuhe waren riesig. Und schwarz. Viel zu groß für die Elfjährige. Sie gehörten meinem Vater. Der konnte sich mit ihnen drehen. Konnte den einen Fuß über den anderen setzen, ohne zu stürzen. Die Arme streckte er dabei weit von sich. Wie ein Flieger sah Vater dann aus. In seinem gestrickten Schafwollpullover. Sind Flieger wirklich Sieger? Wie es Hans Albers mit seinen tuschkastenblauen Augen in dem Lied auf der Schallplatte mit hanseatisch-seeräuberischer Überzeugung sang? Mit dieser merkwürdig eckigen Stimme.

Manchmal zog Vater mich in meinen Winterstiefeln mit Pelzchen-Futter über die glatte Spiegelhaut des Sees, in dessen Mitte ein richtiges Schloss schwamm. Und wir freuten uns. Dass die Sonne schien. Das Eis gut war. Vielleicht auch an uns.

Wenn ich nach der Schule Fräulein Natürlich sein sollte, schnürte ich seine großen Schlittschuhe. So eng wie möglich. Damit ich Halt hatte. Nicht so oft umknickte. Das war blöd, weil dann die Kurve nicht gelang. An eine sehenswerte Drehung war gar nicht zu denken. Immer von Neuem holte ich Schwung, um mit einer kleinen Eleganz voranzukommen. Mühsam war das. Und mein Pullover mit den ebenmäßigen Norweger-Sternen glühte.

An seltenen Tagen kam der andere. Mit dem Bus. Der, der mich manchmal - wenn der Unterricht zwei Stunden früher endete - zur Haltestelle begleitete. So neben mir herlief und versuchte, ein Gespräch anzufangen.

Selten lutschten wir dabei ein Eis. Obwohl das hilfreich war. Man konnte nicht so viel sagen. Und ich musste nicht dauernd antworten. Er blieb mit mir an der Haltestelle stehen. Seine Ledertasche zwischen die Beine geklemmt wartete er, bis ich einstieg. Irgendwie fand ich das gut. Treu. Aber ich konnte nichts entgegnen.

Zum See mit blank geputzter Haut und weißen Kufenschmissen brachte er Schlittschuhe mit. Seine. In einer Tasche auch die seiner Mutter. Schneeweiß. Und nagelneu. Hatten wohl unterm Christbaum gelegen. Sie waren Damengröße und passten wie angegossen.

Auf dem Davos-Schlitten saß ich und konnte die ellenlangen Senkel von Vaters Stiefeln gar nicht fix genug aufknoten. Aber die Verheißung trieb die Bänder aus den Ösen. Nur schnell, damit ich die Dinger los war. Wenigstens für heute Nachmittag. Fräulein Natürlichs Strümpfe klebten und hatten Falten, wo keine hingehörten. Alles zog ich glatt. Richtete es für den großen Augenblick.

Jetzt die anderen Schlittschuhe. Von seiner Mutter. Er hatte nicht gefragt, ob er sie verleihen durfte.

Sie waren also ein Geschenk. Ein heimliches. Für ein paar Stunden. Sahen unschuldig aus. Ganz weiß. Sauber. Und gar nicht benutzt. Dennoch stieg ich einfach hinein. Fädelte meine Füße zwischen die Ösen. Platzierte mich. Und fühlte das pure Glück. Sie passten. Wahrhaftig. Als wenn sie für mich gemacht wären. Sie waren für mich gemacht. Heute gehörten sie mir.

Wir nahmen uns bei den Händen. Sportlich war das gemeint, denn sonst wäre Fräulein Natürlich damit nicht zurechtgekommen – und holten aus. Rechts, links. Immer von Neuem. Bis wir schneller und schneller wurden. Den Schlitten samt Binsen hinter uns ließen und gewaltig Fahrt aufnahmen. Spiegelblank lag die Fläche des Sees vor uns.

Ganz weit war das Ende. Aber ich fragte mich trotz des Tempos, ob wir die Schneekönigin mit ihrem stählernen Blick nicht herausforderten, wenn wir Kurs auf den Horizont nahmen? Weit hinten entdeckte ich wieder Rohr und Schilf. Binsen. Die wiegten sich im Wind. Schienen uns zu rufen.

Wir schliffen das Eis. Ließen Spuren der Kälte zurück. Schnitten die Haut mit unseren Kufen. Der Wind zischte durch meinen Norweger. An der Außenseite wuchsen Kristalle. Bildete sich ein zerbrechliches Zaubermuster, das niemand hätte stricken können. So zart war das. Wir waren allein auf dem Eis. Auch Fräulein Natürlich war gegangen. Ich traute ihm. Denn er ließ meine Hand nicht los. Und er sprach nicht. Fragte nichts. Wollte nichts wissen.

Später erzählte er mir, dass seine Mutter die Stiefel schon im Jahr zuvor vom Vater bekommen hatte.

Der stammte aus Königsberg und wollte seine Erinnerung an die Heimat mit einer Schlittschuh laufenden Frau wach halten. An eine Heimat, die es nicht mehr gab. Nie mehr geben würde. Selbst die Marinekameradschaft half da nicht. Der Alkohol machte es nur schlimmer. Und die Seen, die denen in Ostpreußen glichen, retteten ihn auch nicht. Heimweh geht nicht weg, wenn man einen ähnlichen Baum sieht. Man etwas von früher riecht oder eine Eisfläche sich vor einem zum Tanzboden ausbreitet. Heimweh hat das Weh im Gepäck. Und das ist mit ein paar weißen Schlittschuhen kaum zu stillen.

Während wir glitten und kratzten, das Eis zerschnitten und alles hinter uns ließen, erzählte er mir, warum er die Stiefel ohne Probleme mitbringen konnte. Die Mutter – die die Sehnsucht des Vaters nach der Rominter Heide stillen, die zum Marjellchen mit fliegenden Zöpfen werden sollte, die beim Fahren noch ihren Kaninchen-Muff trug – hatte Krebs.

Das hatte ich nicht gewusst. Aber es ließ mich nicht aus der Spur kommen. Nun zog ich. Rechts, links. Ganz regelmäßig. Den Horizont mit den Rohrkolben vor Augen. Diesen Zucker-Binsen. Die in der Hand schmolzen. Rechts, links. In gleichmäßigem Rhythmus.

Ich wollte ihn bis zum anderen Ufer ziehen. Wo die Schneekönigin alles in ihren kalten Händen hielt. Jedes mit Zacken und spitzen weißen Nägeln überzog. Eisig machte. Sodass ich nicht so stark fühlen musste. Meine Empfindungen sich mit dem Auftauen Zeit lassen konnten. Dorthin sehnte ich mich. Aber nur, wenn ich ihn an der Hand hielt.

Wir haben es nicht erreicht. Das Ufer war ferner, als wir wissen konnten. Sind mitten auf dem Eis stehengeblieben. Haben uns umgedreht. Wollten Land gewinnen. Haben Hand in Hand den Rückweg angetreten. Wortlos. Einvernehmlich. Bis zum anderen Ufer hat der Mut nicht gereicht. Die Kufen waren scharf genug. Aber es hätte mehr dazu gehört. Glänzender Stahl, der das weiße Laken in symmetrische Stücke teilt, war eine Voraussetzung. Die andere fehlte.

Wir fehlten. Waren schon lange vor jenem Eistanz verlorengegangen. Jeder für sich. Da half auch das winterliche Duett auf dem mit schwarzen Buchen umstandenen See nichts. Wir waren nicht da.

So schritten wir einfach aus. Mit mechanischer Kraft. Rechts, links. Unsere Kufen fraßen sich durch die Glätte. Nun war es Arbeit. Schnitte zu machen kostet Kraft. Rechts, links. Am Pullover, der eben noch glitzerte, nun Eiszotteln. Die sich zu unförmigen Gebilden klumpten. Ballast, den ich nicht loskriegte. Rechts, links. Schritt für Schritt dem alten Ufer zu. Zum Schlitten mussten wir. Der klebte einsam in einer Schneekruste. Da, wo alles begann. Das Abenteuer losging. Ich ihre strahlenden Schlittschuhe zum ersten Mal anzog. Und spürte, dass sie saßen. Sie vielleicht auch ein kleines bisschen für mich gemacht waren.

Das erinnere ich. Später habe ich sie einmal gesehen. Sie stand nachmittags, nachdem wir von der Tanzstunde kamen, im Türrahmen. Lehnte sich ans weiße Holz. Ohne Haare. Und das Plastik des künstlichen Ausgangs trotzte dem Bund ihrer beigen Jogginghose. Dünn war sie. Grau. Hielt die Klinke fest. Und ich konnte mir nicht vorstellen, dass sie jemals mit weißen Schlittschuhen über irgendein Eis geglitten sein sollte. Nur die Hände übten Verrat. Die versteckte sie. Suchte den Muff aus weichem Fell. Musste mit dem glatten Anstrich vorlieb nehmen. Sie sah mich an. Aus gelebten Augen. Ich wusste plötzlich, dass sie wusste, dass ich in ihren Schuhen über´s Eis getanzt war. Sie hatte sich bereits getrennt.

Alles das erinnere ich. Bin bei mir. Während ich neben Vater sitze. Der sich müht, endlich zu sterben. Ich friere, obwohl die Heizung läuft. In dem kleinen Zimmer, das mithilfe einer gelben Gardine und einem großmächtigen Sessel wohnlich wirken soll. Der Vorhang ist schon länger nicht gereinigt. Die Möbel abwaschbar. Der Sessel ist nicht in eine bequeme Position zu bringen. Die jedenfalls hätte ich nachts gerne. Dann würden die Beine nicht so dick. Und ich könnte so tun, als ob ich meine Augen schlösse. Vor den Erinnerungen. Vor allem, was noch kommt.

Der Sessel ist unbeweglich. Trotz diverser Schalter und Hebel. Die Pflegerin aus Manila organisiert einen anderen. Sie ist alleinerziehend – hat eine kleine Tochter. Trotzdem scheint sie immer zu lächeln.

Aber Vater will nicht, dass ich mich anlehne. Mich zurück ziehe. Ihn stört es, wenn ich nach vielen Stunden der Zuwendung ein Magazin, das mir der nette jungshafte Pfleger brachte, leise anschaue. Ohne Sinn und Verstand. Die Texte dreimal lesend und nichts verstehend. Also sitze ich, das Geräusch des Umblätterns unterdrückend, verkrampft da. Will mich nicht mehr bewegen. Um alles im Griff zu behalten. Nicht rühren. Nur an nichts rühren. Und doch bin ich extrem wach.

Mit seinem nach dem Schlag verbliebenen Auge sucht Vater. Mich? Kann den Kopf schon nicht mehr drehen. Aber seine Augen stehen nicht still. Nicht einen Moment. Bis ich aufstehe und mich über ihn beuge. Meine Finger, meine Stimme und mein Gesicht bilden eine geübte Einheit. Ich streichle, lege meine warmen Hände auf seine Wange. Ganz ruhig. Lange genug, dass er es spürt.

Ich sage, dass er sich nicht mehr fürchten muss. Dass ich aufpasse. Und dass ich bleibe. Da sein werde. Bis zum Ende. Auch das sage ich ihm. Meine Sinne schalte ich aus, um das auszuhalten, was ich sehe und rieche. Seinen Körper – zart wie eine Raupe, aus deren Kokon ein Schmetterling wird. Nur noch eine kleine Zeit. Ich werde bleiben. Bei dir. So wie du oft gegangen bist.

Warum hast du irgendwann nicht mehr „warum" gefragt? In mir eine übergroße tränenlose Traurigkeit. Das Zimmer ist grau, trotz der sonnenmatten Vorhänge. Daran werde ich mich später erinnern. Weil alles sauber schien.

Vor dem großen Fenster ein Bild, das lebt. Ich gucke durch einen Rahmen auf etwas Lebendiges. Buchen mit entblößter kahler Krone, deren Laub auf dem Boden raschelt wie zerknittertes Pergament. Wenn mein Pausenbrot in der Schule gegessen war, knisterte das weiße Papier so. Ich presste es mit der Hand zu einer festen Kugel. Eigentlich sollte ich es glatt streichen, falten und wieder mit nach Hause bringen. In meinem braunen Lederranzen.

Das Bild, das ich vom Sessel neben Vater aus betrachte, ist vergilbt. Wie eine blasse Fotografie. Obwohl ich selbst bei geschlossenem Fenster die Winterluft riechen kann. Schneidend kalt und feucht. Tod und Vergänglichkeit kleben an ihr. Meine Augen gleiten an schwarzen Zweigen entlang. Rutschen die Stämme der

Lärchen rauf und runter. Bleiben schließlich am Ufer des Sees, das mit Raureif gepudert ist, hängen.

Die ganzen Gefühle drücken mir die Kehle zu. Ein Übermaß, dessen ich mich erwehren muss, um nicht im Schmerz zu versinken. Mich nicht zu verlieren. Er aber ist auf dem Weg ins Sternental. Schon das rasierte Kinn scheint mir etwas so Großartiges, dass ich erschaure. Tränen schießen mir in die Augen. Selbst das ist wohl eine Art von Glück.

Er riecht nach Rasierschaum und Alter. Nach Seife und Krankheit. Nach Vater und nach der Lotion, mit der ich meine Söhne früher eincremte. Das ist gut und tröstlich. Vater riecht nach Anfang und Ende. Hat weite Augen ohne Blick. Beängstigend, weil sie manchmal schon durch alles hindurchsehen. Oder vertraut? Nah? Es gibt nichts vorher, und nichts wird nachher sein. Nur das Jetzt zählt.

Der Geruch des ziehenden Winters schnürt mir den Atem ab. Die schneenasse Scheibe, in der ich mein Spiegelbild sehe. Vor seinem hatte Vater sich gerade noch gefürchtet. Ist nach meiner Erklärung, die beruhigen sollte, grenzenlos einsam zurück in sein Kissen gerutscht.

Immer wieder schaue ich zu dem glatten Fenster. Draußen der Schloss-See. Auf dem wir vor langer Zeit gemeinsam eisliefen. Er hatte die Hände weit von sich gestreckt und kam auf mich zugesaust. Lachend. Brausend wie ein Flieger. Fing mich auf in seinen Armen. Flog zischend mit mir über die blanke Tanzfläche. Das war sehr besonders. Denn ich hatte nur Winterstiefel an, in denen meine Beine mit blauen kratzigen Wollstrumpfhosen steckten. Die hatten mir schon am Morgen gesagt, dass der Tag keine Wunder bereit halten würde. Jetzt aber spritzte der weiße

Reif um meine Sohlen. Flocken klammerten sich in die Maschen. Ich war groß. Und sehr glücklich.

Eine abgerissene Markise vor dem Fenster. Orange mit spakigen Streifen. Blumenkästen aus Eternit. Farblos. Ohne Bepflanzung. Noch nicht mal ein Tannenzweig steckt drin. Sie können den Zementbalkon nicht aufwerten. Draußen ist es trüb. Graumeliert. Ein nordischer März, der den Frühling noch nicht treffen will. Farben im Winterschlaf. Nur der Wind treibt alles vor sich her, was er finden kann. Tanzt mit dem Unrat. Spielt mit knisterndem Laub, um es achtlos in einer staubigen Ecke zu vergessen.

Auf der Fensterbank steht ein künstliches Gesteck still da. Das Letzte, was Vater gefallen würde. Solche Sachen hasste er. Konnte den vielen getrockneten Sträußen im Haus nichts abgewinnen. Staubfänger, die er sich wenigstens in seinem Arbeitszimmer verbat. Mit denen er sich aber arrangieren musste. Warum eigentlich? Auf der Fensterbank steht ein künstliches Gesteck still da. Ich habe das Bedürfnis, es zu zerstören. Dem Tonvogel die Kehle zuzudrücken.

Ist er noch mein Vater? Oder schon eine Hülle? Ich vermisse den Schlaf. Vertrautes wendet sich kalt von mir ab. Unsere gemeinsame Zeit stirbt. Vater besteht nur noch aus Haut und Knochen. Ich sehe seine Schlüsselbeine, fühle die Schulterkugeln unter dem dünnen Schlafanzug. Und noch aus etwas anderem besteht er. Etwas, das ich nicht sehen kann. Aber ich weiß, dass es da ist. Ihn in einer Weise überleben wird. Wenn man etwas groß zieht - ein Kind oder einen Hund oder eine Blume - merkt man, wo die Grenzen sind.

Ob es wieder schneien wird? Vielleicht später, gegen Abend. Da zieht sich der Ostsee-Himmel oft zu. Hüllt sich in ein feucht-klammes Märzkleid. Ich bin traurig darüber, dass es ist, wie es ist. Auch Vater ist traurig. Todtraurig. Denn es ist bald vorbei. Sein Leben. Ich habe nicht gewusst, dass man außer Atem sein kann vom Atmen. Vom Luft schnappen. Er tut das. Immer und immer wieder. Zieht den Sauerstoff rein. Schneidend und doch voller Energie. Trotz der großen Anstrengung. Woher kommt die? Schon Jahre hatte er im Bett zugebracht. Scheinbar kraftlos. Warum mobilisiert er jetzt alles? Ich werde diesen Augenblick meiner Sammlung von Monaten beifügen.

Wir sind uns noch einmal näher gekommen. Er hat mich herangewunken. Mit lebhaften Gesten ein Signal gesandt. Mir dann über die Wange gestreichelt. Wie schon seit Jahren nicht mehr. Mir einen Kuss auf den Rücken meiner rechten Hand gehaucht. Der macht mir die Endgültigkeit - das Nie - Wieder - klar.

In der Wirrnis kann ich nicht weinen. Alles steckt mir im Hals. Die Tränen scheinen erfroren. Eine Kälte, die in mir immer größer wächst. Und draußen dieser wolkenlose Himmel. Eine Winterbrühe, die kaum Konturen zeigt und grau vor sich hinwabert. Trotzdem rücken meine Wahrnehmungen immer enger zusammen. Lehnen sich aneinander, als wenn sie sich gegenseitig Mut machen wollten.

Ob er sich bei Nacht und Nebel davonstiehlt? Wenn ich kurz in seinem Bad das WC benutze? Mit dem Pfleger, der so alt ist wie einer meiner Söhne und baumlang, auf dem Flur ein paar Worte tausche? Mir eine Tasse Kaffee in der Küche hole und ein übriggebliebenes Brötchen vom Abend auf meinen Teller staple? Um es am Morgen, kleiner und älter geworden, in die Abfalltüte rutschen zu lassen, die es gnädig schluckt.

Ich habe kalte Füße in meinen dicken Stiefeln. Und glaube, wer nie wirklich verzweifelt war, der wird erwachsen, ohne zu spüren, welche Empfindungen zählen. Das Unerträgliche scheint sich mit dem Alltäglichen zu versöhnen. Aber es bleibt ein schwerer Schatten zurück. Eine Bitterkeit im Mund.

Wenn man sich jemandem nahe fühlt, kann man erst recht einsam sein. Ich mag Vater sehr. Trotz seiner Fehler, die mir Verletzungen zugefügt haben. Ich werde ihn bald verlieren. Es wird allmählich dämmrig und ihn umhüllt die Einsamkeit. Wo er jetzt wohl ist?

Erschöpft bin ich. Vom Fühlen und Denken. Vom Mit-Sterben. Spüre gar nichts mehr. Nur nasskalte Winterluft, die meine Einsamkeit schlucken soll. Die Kälte sticht in meinen Augen. Reibt eine Müdigkeit hinein, die sich anfühlt wie Sandpapier.

Sehen wir uns eigentlich ähnlich? Ich betrachte ihn. Seine Finger, die er mir vermacht hat. Alle Adern treten jetzt deutlicher hervor. Weiße Sehnen unter pergamentdünner Haut. Langsam verfärben sich die Nägel seiner schönen, noch immer gepflegten Hände lila. Spannung, wenn unsere Blicke sich treffen. Für Minuten manchmal. Die ganze Welt scheint darin verschlungen. Und doch ist es, als lebe Vater nun vollkommen für sich allein. Meine Empfindungen sind ein einziges großes Durcheinander.

„Erzähl mir etwas“, bitten seine Augen. Mir fällt nichts ein. Alles ist aus meinem Kopf gefallen. Ich grüble und starre vor mich hin. Fixiere ihn und weiß nicht, worauf ich warte. Irgendwas muss noch kommen. Ich bin wie gelähmt. Völlig ratlos. Aber in mir spüre ich die fast übermächtige Kraft. Endlich beginne ich zu singen.

Zuerst „O du fröhliche“. Dann „Stille Nacht“. Später kommen „Die güld´ne Sonne“ und „Wir pflügen und wir streuen“ dazu. Und schließlich - ohne nachzudenken - „Lili Marlen“. Ich singe und singe. Alle Strophen. Wie ich sie erinnere. Immer von Neuem. Diese Melodie, die ihn Jahre seines Lebens begleitete. Ich wollte ihm die Dunkelheit des Sterbens mit einer Straßenlaterne erhellen. Den Weg beleuchten.

„Vor der Kaserne,
Vor dem großen Tor,
Stand eine Laterne
Und steht sie noch davor.
So woll´n wir uns da wiederseh´n,
Bei der Laterne woll´n wir steh´n,
Wie einst, Lili Marleen.

Unsere beiden Schatten
Sah´n wie einer aus,
Dass wir so lieb uns hatten,
Das sah man gleich daraus.
Und alle Leute soll´n es seh´n,
Wenn wir bei der Laterne steh´n,
Wie einst, Lili Marleen.“

Tränenbäche, die über Wangen und Kinn stürzen. Bis in den Kragen der Bluse. Sind das meine oder Vaters Tränen, die wir weinen?

Wieder „Lili Marleen“. Auch ich halte mich jetzt an der Melodie fest.

„Schon rief der Posten:
Sie blasen Zapfenstreich,
Es kann drei Tage kosten!
Kamerad, ich komm´ ja gleich.
Da sagten wir Auf Wiederseh´n.
Wie gerne wollt´ ich mit dir geh´n,
Mit dir, Lili Marleen!

Deine Schritte kennt sie,
Deinen schönen Gang.
Alle Abend brennt sie,
Mich vergaß sie lang.
Und sollte mir ein Leid gescheh´n,
Wer wird bei der Laterne steh´n,
Mit dir, Lili Marleen?“

Ich sehe seine Erinnerungen kommen. Noch einmal. Sehe die trotzige Hanna Schygulla. Die herbe windzerzauste Lale Andersen und eine merkwürdig schroff-zarte Marlene. Singe ein Soldatenlied von 1939, dem Millionen gelauscht haben. Das der Sender Belgrad in alle Himmelsrichtungen sandte. In die Schützengräben und Unterkünfte vom Eismeer bis in den afrikanischen Sand. Für deutsche und alliierte Soldaten wurde es zum Schicksalslied des 2. Weltkriegs. Das sollte später auch in Indochina, Korea, Vietnam und Israel so bleiben. Heute erklingt es, gesendet von Radio Andernach, allabendlich im Feldlager Camp Warehouse in Afghanistan.

„Aus dem stillen Raume,
Aus der Erde Grund,
Hebt mich wie im Traume
Dein verliebter Mund.
Wenn sich die späten Nebel dreh´n,
Werd´ ich bei der Laterne steh´n
Wie einst, Lili Marleen."

Ich wusste, ich hätte die Mutter früher rufen sollen. Aber ich tat es nicht. Nicht nach der letzten Nacht, die ich mit Vater verbrachte. Ich habe nur an ihn gedacht und merkte, dass er Angst hatte. Ich ließ seine Hand auch in diesen Morgenstunden nicht los, weil ich sah, dass er sich fürchtete. So wie ein Kind sich ängstigt, wenn es allein die Straße überquert. Einen neuen Weg einschlagen muss. Vater sah mich noch immer gebannt an. Dann kam die große Ruhe.

„Vor der Kaserne,
Vor dem großen Tor,
Stand eine Laterne
Und steht sie noch davor.
So woll´n wir uns da wiederseh´n,
Bei der Laterne woll´n wir steh´n,
Wie einst, Lili Marleen."

Der Geruch von Rasierschaum und Alter, nach Vater und Babylotion – er ist noch da. Sein Schatten. Grauweiße Haare, ein Stoppelschnitt wie zu seinen Kindertagen. Diese Haare, durch die ich ihm vor wenigen Stunden noch gestrichen habe. Hände mit dünner, fast durchsichtiger Haut. Die Fingernägel noch violetter. Und Flecken auf den Armen hat er jetzt. Er ist nun eine Gestalt im Bett.

Der Tod war gekommen. Leise. Unaufgeregt. Während ich sang. Vater festhielt und drei Strophen eines Liedes sang, das ihm Heimat war. Schließlich stand Lili Marleen unter der Laterne. Vor dem großen Tor. Sie hat dort auf ihn gewartet. Ich hatte es noch ein allerletztes Mal gesungen. Lili Marleen. Das Soldatenlied, das um die Welt gezogen war wie ein Krieger.

Für den Rolf, der in Monte Casino mit seinen Kameraden lag. Der damals so alt wie mein Sohn Max war. Er blieb als einziger von den vier Jungen der Familie übrig. Für den Mann, der später mein Vater wurde, sang ich es. So einfach war das. Und doch so traurig und schwer.

Ich erinnerte mich noch einmal an seine Erzählungen. Vom letzten Weihnachtsfest in Dresdens Sidonienstraße/Ecke Wiener Straße, das noch alle sechs Geschwister mit ihren Eltern feierten. Auch die Jungs. Monate später stürzte einer über Brandenburg ab. Ganz kurz vor Kriegsbeginn. Das konnte Rolf nicht fassen. Hatten sie sich doch schon lange zum nächsten Zarah-Leander-Film im Kino miteinander verabredet. Nie wieder wurde das Lied „Am Weihnachtsbaum die Lichter brennen“ angestimmt. Denn es enthielt auch die Zeilen

„Zwei Engel sind hereingetreten,
Kein Auge hat sie kommen sehn.
Sie gehn zum Krippelein und beten
Und wenden wieder sich und gehn.“

Für immer blieb es mit dem Tod verknüpft.

In der zum Zerreißen prallen Halsschlagader hat es aufgehört zu pumpen. Das Rasseln, das Stunden wie ein gurgelnder Motor klang, ist verstummt. Ich halte meine Hand vor Vaters Mund und Nase. Er atmet nicht mehr. Alles ist ohne Bewegung. Seine Augen offen. Keine Angst mehr. Sie sehen durch mich hindurch. Sind mit einem Mal verschleiert und trübe. Alles ist ohne Bewegung. Nichts rührt sich mehr. Auch die Zeit steht jetzt still.

Nun spüre auch ich sie. Die ich nie kennen gelernt habe. Seine gefallenen und verschollenen Brüder. Den im Schnee von Stalingrad. Den, der mit dem Flugzeug vom Himmel fiel. Und den, den die ukrainische Weite verschluckt hat. Sie alle sind da. Stehen um Rolf herum und sehen ihn an. Leise. Denn sie haben schon lange gewartet.

Noch ein paar Minuten warte ich. Sitze vor Vater auf dem Bett und betrachte ihn ganz ruhig. Will mir alles merken. Diese Ruhe ist weit und groß. Ja, selbst die Zeit steht jetzt still.

Dann drücke ich die Klingel, die am Galgen über Vater baumelt. Meine linke Hand streichelt dabei seinen Arm. Ich lasse ihn nicht aus den Augen. Noch nicht.

Und ich fühle, dass sich mit seinem Tod an diesem Dienstag, 22. März 2011, auch ein bisschen von meinem Leben aus der Welt davonmacht.

Später finde ich in der von ihm selbst für seinen Todesfall vorbereiteten Mappe das Gedicht einer alten Freundin seiner Schwester. Frieda Herbst hieß sie und war nach ihrer Flucht aus Tilsit wie tausende andere in Flensburg gestrandet. Ich sehe sie noch vor mir, denn sie kam oft zu uns. So wie sie früher nach Dresden in die Sidonienstraße gekommen war. Zu Besuch. Vielleicht waren wir so etwas wie eine neue Familie für Tante Frieda.

Klein und untersetzt war sie. Hatte ein kreisrundes faltiges Gesicht. Wie ein flacher Milchmond, der über die Welt nachdenkt. Frieda trug wadenlange schwarze Kleider mit Gürtel, obwohl sie keine Taille hatte. Die Haare – im Alltag unter der scharfkantigen gestärkten Schwesternhaube, die mit weißen Nadeln befestigt wurde - verborgen, waren rabenschwarz. Glatt am Kopf und ganz ohne tollkühne Welle.

Ich mochte sie, obwohl sie nicht viel lachte. Wenn doch, sah ich immer auf die enorme Lücke zwischen ihren Schneidezähnen. Da pfiff der Wind durch. Stellte ich mir vor.

Sie war vor, während und nach dem Krieg Krankenschwester. Eine, die schließlich als Oberschwester in der Flensburger Klinik regierte. Sie hat dort und wohl auch schon in ihrem vorigen Leben gesehen und erlebt, was keiner hören wollte. Also sprach sie nicht darüber. Behielt es für sich. Aber doch nicht so ganz. Denn irgendwann, als sie viele hatte sterben sehen, schrieb Frieda Herbst es auf.

„Aus Blau und Grau
Sich Dämm´rung webt,
Ein roter Schein darinnen lebt.
Sie sinkt nun.
Über Tag und Tal wird alles ungenau und fahl.

Wer steigt von Fels und Höh´ herab
Fühlt alles,
was der Tag ihm gab noch einmal,
Und die Abendruh deckt alle seine Wünsche zu.

Durch Angst und Qual der Lebensfunke bricht
Und jeder spürt die Wahrheit: Nacht bringt Licht.

Wenn klein der Mut, die letzte Hoffnung sinkt,
Am Ende der Ergebung Frieden winkt!"

Vater hat sich, seine Vergangenheit und sein Leben in diesen Zeilen wieder gefunden. Er hatte sich irgendwann für das Sterben entschieden. Den Tod nicht mehr gefürchtet. Und den Frieden ersehnt.

LILI MARLEEN
Musik: Norbert Schultze
Text: Hans Leip

Biografie Doris zur Linden

Geboren 1953 in Flensburg. Verheiratet, Journalistin und Mutter von fünf Söhnen.

Nach dem Abitur Volontariat und Redaktionstätigkeit im Schleswig-Holsteinischen Zeitungsverlag.

Studium der Sprach- und Lernbehindertenpädagogik in Köln. Parallel dazu tätig in der Bezirksredaktion Bergisch Gladbach des Kölner Stadt-Anzeiger mit den Schwerpunkten Reportage, Kommunalpolitik und Gerichtsberichterstattung.

Während einer Familienpause mehrjährige Seminartätigkeit an der Hebammenschule des Vinzenz-Pallotti-Hospitals in Bensberg zum Thema „Erfahrungen mit dem Tod".

Die Journalistin lebt seit 2010 mit ihrem Mann wieder in Köln und hält prägende Ereignisse in Kurzgeschichten und Reportagen schreibend fest. In ihren Texten verbindet sie historische Situationen mit aktuellen Begegnungen.

Neben zahlreichen Veröffentlichungen in Rowohlt Taschenbuch Anthologien erschien 2008 im Mohland Verlag ihr Sammelband „Schnee von gestern? Zur Heiligen Nacht wird nicht gelacht". Ein von der Autorin eingelesenes Hörbuch mit gleichlautendem Titel publizierte der Verlag 2009.

Doris zur Linden engagiert sich seit vielen Jahren in der Öffentlichkeitsarbeit für Schlaganfallpatienten mit Sprachverlust (Aphasie) und arbeitet ehrenamtlich im Vorstand des Kölner Frauenvereins „Das Lädchen".